MES ANNÉES DANS LA SILICON VALLEY

Mes Années dans la Silicon Valley

Ma décennie Microsoft

Jacques Bonjawo

Cosmos Publishing

Copyright © 2023 Jacques Bonjawo.
Tous droits réservés.
ISBN-13 979-8865045533
Conception Graphique réalisée par :
Cartele MOFFO, Ocean Innovation Center (Ingénieur Informaticien).

www.oicpole.com - contact@oicpole.com

À la Jeunesse africaine. À toute la Jeunesse du monde, qui veut croire que l'on peut forger sa propre destinée.

Remerciements

Sans le soutien et la contribution de nombreuses personnes, ce livre n'aurait pas vu le jour.

Je suis très reconnaissant envers ma femme, Jamie, de m'avoir encouragé tout au long de ce processus d'écriture et d'avoir fait partie de cette extraordinaire aventure. Elle m'a beaucoup soutenu, notamment en prenant soin de nos enfants.

Travailler pour Bill Gates a été un privilège et un honneur, et je suis extrêmement reconnaissant pour les opportunités et les défis qui m'ont été offerts. Un souvenir particulier qui me vient à l'esprit est mon voyage à Johannesburg avec Bill en septembre 2003. Au cours de ce voyage, j'ai eu le privilège de présenter et de solliciter un soutien international pour le projet de l'Université Virtuelle Africaine (UVA).

Je veux rendre hommage à Tarek Najm, l'architecte en chef du projet *AdCenter*, une immense réalisation qui a rivalisé vigoureusement avec Google. Tarek est un pionnier et l'un des architectes en logiciels les plus brillants de l'industrie. Avoir été senior manager dans son équipe pour ce projet, qui a laissé des traces, a été pour moi un privilège rare. C'est en effet grâce à son leadership que Bill Gates m'a décerné en 2003 le Prix de contribution à l'Histoire de Microsoft. Dr. Ying Li, Brian Hagins, Sean McGrath et Sachin Dhawan, quatre des plus belles mécaniques intellectuelles de *AdCenter*, ont été, comme moi, des « *founding members* » de cette équipe. Je leur sais gré de leur collaboration.

J'aimerais exprimer ma profonde gratitude à l'ancien président du Sénégal, Abdoulaye Wade, à l'ancien président de la Côte d'Ivoire, Laurent Gbagbo, ainsi qu'à l'ancien président de Tanzanie, Benjamin Mkapa (décédé).

Durant ma carrière chez Microsoft, ils m'ont chacun confié la responsabilité de travailler sur quelques projets majeurs pour l'Afrique.

Je suis très reconnaissant envers mon compatriote Louis Paul Motaze, ministre camerounais des finances, pour son accueil chaleureux, son encouragement constant et son soutien précieux lors de mon retour définitif dans mon pays.

Je souhaite également exprimer ma sincère reconnaissance à feu James Wolfensohn, ancien président de la Banque mondiale, de m'avoir donné l'opportunité de contribuer à la mise sur pied de l'Université Virtuelle Africaine (UVA). J'aimerais aussi rendre hommage à Étienne Baranshamaje, qui a initié le projet UVA, jetant les bases avant que je n'en prenne le relais. Et bien sûr, un grand merci à tous mes collègues de l'UVA, notamment le Dr. Mamphela Ramphele, le Dr. Huguelle Labelle, le Dr. Frannie Léautier, le Dr. Peter Materu, le Dr. Cheick Modibo Diarra, le Professeur Peter Dzvimbo, David Potten et toutes les autres parties prenantes.

Moustapha Kanté, mon ami et ancien camarade de classe à l'Université George Washington, m'a chaleureusement accueilli pendant mes différents séjours à Abidjan. Je lui dis encore Merci.

Mon fils, Joseph Bonjawo Jr., a lu l'ensemble du manuscrit et a formulé des observations fort pertinentes. Sa contribution a été déterminante dans la confection de la version finale du livre. Ma fille, Rachelle, bien que très occupée par sa propre entreprise, m'a apporté un soutien continu tout au long du processus d'écriture. Je leur suis très reconnaissant pour leur confiance en moi.

Comme toujours, les remarques de Dorian Nogneng, mon neveu et co-auteur d'un autre livre, et qui a par ailleurs enseigné l'Informatique à l'École Polytechnique de Paris ont été précieuses. Merci Dorian.

Enfin, j'aimerais exprimer ma gratitude sincère à tous mes collègues de travail pendant mes années chez Microsoft. Ce fut une aventure incroyable, et je n'aurais pas pu terminer ce livre sans votre collaboration et votre inspiration. Je tiens à remercier particulièrement les personnes suivantes pour leurs diverses contributions : Bob Herbold, Dave Cutler, Nathan Myhrvold, Brad Silverberg, Paul Maritz, Jeff Raikes, Kevin Johnson, Ray Ozzie, Kevin Turner, Yusuf Mehdi, Patty Stonesifer, Eric Rudder, Robbie Bach, Bill Buxton, Jon DeVaan, Alexander Gounares, Rajiv Gandhi, Julie Larson-Green, Steven Sinofsky, Brian Valentine, Dustin Ingalls, Christine Walter-Boule, Brian Kauer, Edith de Pontbriand, Jeffrey Sutherland, Tom Lucas, Maria Moses et Tim Chidester.

Merci à tous pour votre soutien inestimable !

Introduction

Le 1ᵉʳ septembre 2006, j'ai fait mes adieux à Microsoft, après près de dix ans de collaboration intense et fructueuse en tant que *senior manager*. J'ai tout simplement estimé qu'il était temps de changer de cap, de faire autre chose ; il me fallait un autre défi, comme celui de travailler encore davantage avec et pour l'Afrique, à qui j'ai toujours accordé une partie importante de mon temps et de mon action, même depuis Redmond, siège social de Microsoft. Le hasard a voulu que ce départ intervienne deux semaines après l'annonce médiatisée de Bill Gates de se retirer progressivement de ses responsabilités opérationnelles à Microsoft, entreprise qu'il a cofondée et dirigée avec un immense talent pendant plus de trente ans.

Microsoft, nous le savons, a connu un succès phénoménal depuis sa création en 1975. Pour ne citer qu'un exemple, au moment de mon départ, le budget de recherche et développement de la société s'élevait à plus de cinq milliards de dollars, pour ne rien dire des profits réalisés sur la même période. C'est quelque chose d'absolument inédit dans l'histoire de l'entrepreneuriat. Dans le même temps, Microsoft a connu quelques déboires au cours des dernières années avant mon départ, symbolisés notamment par le procès antitrust intenté par la justice américaine. L'image de la société s'en est trouvée ternie, même s'il est vrai que cela n'a en rien affecté ses succès commerciaux.

Toujours est-il qu'un nombre croissant de salariés, et

j'en faisais partie, ont commencé à avoir le sentiment que l'identité de l'entreprise se brouillait. Microsoft, face aux nouveaux défis et à la concurrence vigoureuse venant notamment de sociétés comme Google ou Apple, a commencé à se transformer, graduellement, en ce que j'appelle une « *marketing company* ». C'est-à-dire que ce ne sont plus les ingénieurs et chefs de projets qui semblent donner les orientations, mais plutôt les responsables du marketing. Je ne pensais pas que c'était le bon choix, même si celui-ci paraissait plus profitable sur le court terme. En tout cas, ce n'était pas ma conception de l'entreprise innovante du 21e siècle. J'y reviendrai plus loin.

Alors pourquoi ce livre ?

Nombre de livres ont été écrits sur Microsoft dans lesquels leurs auteurs mettent surtout en relief les nombreux succès commerciaux de l'entreprise. Ils décrivent généralement les *microsofties* (salariés de Microsoft) comme appartenant à une espèce animale un peu étrange, travaillant comme des forcenés, sans vie de famille, en échange d'une rémunération qui paraît parfois surréaliste. Il y a une part de vérité dans cette représentation. En revanche, je ne suis tombé sur aucun livre qui raconte la vie quotidienne d'un *microsoftie* sur le campus de Microsoft à Redmond. J'ai donc voulu raconter cette tranche de vie, telle que je l'ai moi-même vécue, avec tous ses succès mais aussi les sacrifices consentis.

Car ce qui m'a conduit à accepter l'offre de Microsoft en 1997 était essentiellement l'opinion que je m'étais faite de ses dirigeants et ingénieurs, sa culture d'entreprise, la possibilité de travailler sur de grands projets avec de gros moyens et, en dernière analyse, l'opportunité de pouvoir mener des actions en Afrique grâce, précisément, à Microsoft. Et d'ailleurs, une fois à Microsoft, lorsque la Banque mondiale me sollicite vers l'an 2000 pour monter le projet de l'Université Virtuelle Africaine (UVA), elle est consciente que je pourrai mettre à profit ma position dans la firme pour créer des synergies entre l'UVA et Microsoft, et apporter ainsi un appui précieux à ce projet.

Ce livre n'est en aucun cas mon autobiographie, dont je pense d'ailleurs qu'elle ne susciterait aucun intérêt. Il ne s'agit pas non plus d'une apologie de Microsoft, ni d'un éloge de son dirigeant emblématique. C'est une réflexion indépendante dont le seul but est d'éclairer le lecteur sur un parcours très mouvementé, une aventure extraordinaire dont j'ai été un des acteurs, en tirant des enseignements pour comprendre et expliquer son succès phénoménal. En effet, ma vie à Microsoft n'a pas seulement été intense, mais aussi atypique en raison des actions que j'ai menées conjointement en Afrique, ou encore des nombreuses rencontres que j'ai pu faire au niveau international durant cette période. C'est ainsi que j'ai pu rencontrer durant cette période, parmi de nombreuses personnalités, le Président Abdoulaye Wade du Sénégal, le président de la Banque mondiale, M. James Wolfensohn, ou encore le Président Laurent Gbagbo de la Côte d'Ivoire, et travailler avec eux sur des projets liés à la technologie et à l'éducation en Afrique.

C'est dire que l'expérience que j'aimerais communiquer

à travers ces pages est celle d'une tranche cruciale de vie professionnelle à Microsoft, afin que les nombreux jeunes qui m'écrivent régulièrement pour m'interroger sur mon itinéraire puissent y trouver quelques éléments de réponse. J'espère ainsi les persuader qu'ils pourraient faire encore mieux que moi, qu'ils ont potentiellement les moyens d'aller au-delà, ne serait-ce qu'en évitant les quelques erreurs que j'ai pu commettre pendant ce parcours. Mais ce livre pourrait aussi être utile aux professionnels et managers qui souhaitent comprendre le fonctionnement d'une entreprise comme Microsoft, qui a obtenu constamment – et obtient encore – des résultats particulièrement spectaculaires.

Au moment où j'ai quitté définitivement le Building 6 du campus de Microsoft où je venais de terminer un projet sur la *Business Intelligence*, je me suis retourné et j'ai deviné avec mélancolie que la trajectoire qui avait commencé là même presque dix années plus tôt venait de s'achever. C'était une boucle qui s'était refermée. Ma carrière à Microsoft était terminée. Toutefois, comme on disait qu'un ingénieur ne partait jamais définitivement de Microsoft, j'avais obtenu mon badge d'*alumni* et m'arrêtais de temps à autre au campus pendant mon jogging pour boire un verre d'eau, un café, ou parler technologie avec de vieux amis.

Aujourd'hui, plusieurs années après mon départ officiel de Microsoft, j'estime que je suis à même d'en parler en toute sérénité et en toute objectivité. L'entreprise a traversé une période de près de quinze ans particulièrement difficiles sous la direction de Steve

Ballmer. Cela n'a que confirmé mes prédictions, et j'étais tout de même attristé de voir une entreprise autrefois innovante et pionnière perdre de son élan.

Cependant, en 2014, avec l'arrivée de Satya Nadella à la barre, Microsoft a entamé une transformation digitale spectaculaire qui a permis à l'entreprise de retrouver sa place parmi les trois leaders de l'industrie. Satya a en effet su insuffler une nouvelle vision et une culture d'innovation au sein de l'entreprise, axée sur le *cloud*, l'intelligence artificielle et les services.

Sous son leadership, Microsoft a réussi à se réinventer et à se positionner comme une entreprise résolument tournée vers l'avenir. De plus, Microsoft s'est engagée à promouvoir la diversité et l'inclusion, et à utiliser la technologie pour résoudre certains des plus grands défis mondiaux. Aujourd'hui, je ravi de constater que Microsoft est de nouveau une entreprise qui incarne l'innovation et qui est à la pointe de la technologie.

Ainsi, je livre avec recul et sans retenue ma vision de Microsoft, mais aussi celle de l'entreprise innovante, sinon schumpetérienne du 21e siècle. *Mes Années dans la Silicon Valley* : un regard lucide et sincère sur l'actualité autant que sur l'histoire de la technologie et une vision prospective des enjeux mondiaux avec, toujours et plus que jamais, l'Afrique au cœur.

Jacques Bonjawo

Mes Années d'Adolescence

À l'âge de 18 ans, avec l'aide de mon père, j'ai quitté le Cameroun et je suis arrivé en France le 15 septembre 1979. Je me suis installé à Colombes (au nord-ouest de Paris) au 81 Boulevard Charles de Gaulle, qui, curieusement, a depuis été renuméroté en 91 et est maintenant l'emplacement de l'hôtel Marriott où je séjourne parfois lors de mes voyages à Paris. Un pèlerinage en quelque sorte ! Je connais d'emblée quelques difficultés d'adaptation et, ce qui n'arrange rien, les cours ont déjà commencé lorsque j'intègre le lycée Joliot Curie de Nanterre. Au bout du compte, au terme de cette année scolaire et malgré des notes passables, je ne réussis pas mon baccalauréat C. Cette fois-ci, je ne peux échapper à la perspective du doublement. Celui-ci s'avère néanmoins bénéfique puisque l'année suivante, non seulement je réussis mon bac mais de surcroît, le professeur de mathématiques, c'est-à-dire celui qui a le plus de poids en section scientifique, me suggère d'entrer en classe préparatoire puisque ma volonté est de devenir ingénieur, ajoutant que j'ai les capacités requises et le potentiel nécessaire pour y parvenir. Je suis à la fois surpris et tout à fait ravi. Ma classe compte en effet quelques brillants élèves mais, pour la plupart, ils aspirent à faire médecine et j'avoue ne pas comprendre les raisons de leur choix tant je suis animé du désir de devenir ingénieur, parce que j'aime construire des choses, voir et manipuler du concret, me mettre du côté de l'action, comme j'aime souvent à le dire.

Mais en même temps, dès cette époque, j'aime aussi la littérature, la lecture des auteurs classiques. Et quelqu'un comme Jean Paul-Sartre me fait une très forte impression. La lecture est pour moins un moyen de m'informer, de m'ouvrir sur le monde, de réfléchir. Mais en revanche, en terme de carrière professionnelle, j'ai vraiment la volonté de faire quelque chose de très concret qui m'éloigne des théories pures.

J'ai la chance d'être accepté au lycée Carnot, dans le 17e arrondissement, en classe de Maths sup. À Carnot, je me rends vite compte que les classes préparatoires sont très éprouvantes intellectuellement, c'est indéniable, mais aussi très stimulantes. J'évolue dans un environnement où je trouve (ou retrouve) beaucoup d'enthousiasme dans ce que je fais. Pour la petite histoire, alors que je suis habituellement un élève juste au-dessus de la moyenne, j'obtiens un jour la meilleure note en mathématiques à l'occasion d'un test particulièrement « coriace ». Avec mon modeste 11 sur 20, je suis le mieux noté alors qu'il n'est pas rare, d'habitude, que les meilleurs obtiennent 17 ou 18 sur 20 ! Une autre fois, je suis absent de la classe et, alors que j'arrive à Carnot, je rencontre mon camarade Olivier Aknin qui s'élance à ma rencontre et me dit « Jacques, bravo, tu viens d'obtenir la meilleure note en littérature ! » Il s'agissait de rédiger un résumé, c'est-à-dire un exercice de concision. Comme pour le devoir de mathématiques, je suis agréablement surpris, n'ayant pas le sentiment d'avoir fourni un effort inhabituel pour en arriver là. Hormis ces deux coups d'éclat, je suis effectivement un élève moyen, ou plus exactement je deviens un élève moyen. En effet, j'ai entre temps perdu ma mère dans un accident horrible au Cameroun, un crash d'avion qui s'est produit alors que je me trouvais à Paris et j'en suis très durement affecté au point que je commence à lâcher un peu de lest et à perdre un peu courage et, même si mes résultats scolaires ne sont pas mauvais et sont même plutôt bons, je sens néanmoins que je n'arrive pas à réaliser mon potentiel. Je constate que j'ai pu réussir certains tests sans travailler nécessairement beaucoup, ce qui me laisse à penser que je suis capable d'aller plus loin. Je passe, logiquement, en classe de Maths spé et tente quelques concours, sans grand succès. Il faut reconnaître que cela ne m'intéresse guère et je m'en soucie peu. Plus généralement, c'est d'ailleurs le parcours « classique » qui ne me tente pas dans la mesure où je ne vois pas trop où il pourrait me mener. Une précision importante s'impose ici. À cette époque – nous sommes au tout début des années quatre-vingt – en France et dans la filière classique, l'ordinateur n'existe pas encore en tant qu'outil pédagogique et je termine donc la classe de Maths-spé sans en avoir jamais touché un seul, ce qui semble impensable aujourd'hui Néanmoins, j'ai tout de même entendu parler de l'informatique et des prouesses que l'ordinateur est capable d'accomplir. Je lis beaucoup, je m'informe. J'entends parler de Bill Gates, de Steve Jobs. IBM vient de lancer le PC, l'ordinateur personnel avec le succès énorme que l'on connaît. Tout cela me passionne. Mais je me heurte à un réel problème : l'Informatique n'est pas encore reconnue ici comme une discipline à part entière. Des écoles prestigieuses comme l'École Centrale ou Polytechnique n'ont pas véritablement de branche informatique qui permette, au terme du cursus, de devenir ingénieur informaticien. Il y a pourtant un homme, Léo Rozentalis, ancien élève de l'École Supérieure d'Électricité (Sup Elec), qui a cette idée innovante de créer une école dédiée exclusivement à l'enseignement de l'Informatique, une école privée bien entendu. Prendre la décision de délaisser le cursus classique et balisé pour s'orienter vers une école privée délivrant un enseignement novateur et quasiment révolutionnaire nécessite un certain courage. Je décide cependant de tenter ma chance et de me présenter au concours d'entrée. A ma grande joie, je suis admis à cette École Supérieure d'Informatique (ESI). Peu importe après tout ce que le système officiel pense de cette école, je suis persuadé d'avoir trouvé, non seulement ma voie, mais également le type d'enseignement qui me convient, celui qui me donnera les moyens de comprendre et d'agir dans un monde qui est tout sauf abstrait. J'ai en effet étudié en détail le programme fourni par l'école et je l'ai trouvé parfaitement articulé, cohérent et même assez innovant quant aux méthodes d'enseignement car très pragmatique. Et c'est ainsi que je vais passer trois années à l'ESI, trois années pendant lesquelles je vais véritablement m'épanouir, tant le matériel et les ressources mises à la disposition des étudiants permettent de réaliser à peu près tout ce qu'il est possible de concevoir à l'époque. Et notamment ce que l'on appelle les projets. À l'ESI, les cours magistraux sont en effet assez brefs quoique denses mais les professeurs donnent en revanche aux étudiants des projets à réaliser, parfois très

« challenging », difficiles à mener à bien, pour développer leur créativité et leur donner l'opportunité d'être immédiatement plongés dans le concret. Il va sans dire que j'apprécie beaucoup cette démarche qui colle parfaitement à ma façon de concevoir l'enseignement. Il est d'ailleurs à noter que bon nombre d'élèves travaillent déjà tout en suivant les cours de l'ESI. Beaucoup font du développement de logiciels en entreprise, d'autres sont consultants et ils viennent à l'école, pour ainsi dire à leurs moments perdus. Nous sommes bien loin du parcours traditionnel qui voudrait que l'on termine d'abord ses études, obtienne un diplôme, délivré si possible par une école prestigieuse, pour avoir ensuite la garantie d'accéder au meilleur emploi ! Toujours est-il que je me sens en parfaite intelligence avec ces étudiants un peu marginaux qui mènent une vie originale car, même si je ne travaille pas à côté, à proprement parler, je passe le plus clair de mon temps à réaliser des projets, non seulement les miens, ceux que les professeurs m'ont confiés ou ont confiés à mon groupe, mais également ceux qui ont été attribués à d'autres groupes ! C'est ainsi que je me retrouve à concevoir et mener à son terme, de A à Z, un projet noté pour le compte d'un autre groupe que celui auquel j'appartiens ! Tout simplement parce que ces travaux me passionnent, que j'ai besoin d'être sans cesse dans le concret, de résoudre des problèmes techniques ! Une autre des caractéristiques de l'ESI est que les projets sont affectés de coefficients très supérieurs à ceux réservés aux tests dits théoriques, tant et si bien qu'ils jouent un rôle prépondérant dans le déroulement des études, ce qui n'est évidemment pas pour me déplaire.

Rapidement, je fais également un autre constat. En effet, je m'aperçois assez vite que j'excelle dans une matière qui n'a a priori pas grand-chose à voir avec l'informatique et pour laquelle je n'ai pourtant pris aucun cours supplémentaire. Cette matière c'est l'anglais. Au point qu'un jour, une de mes camarades me demande de l'aider pour son devoir d'anglais. En réalité, je fais le devoir, entièrement, elle le remet au professeur et obtient la note de 17 sur 20. Tant et si bien que, fort de ces bons résultats, le professeur d'anglais propose à cette jeune fille de changer de niveau ! Cette anecdote me fait toujours sourire car cette camarade s'est alors trouvée confrontée à un véritable casse-tête, ne sachant que répondre au professeur, incapable d'avouer, bien sûr, qu'elle n'avait pas fait le devoir elle-même, mais tout aussi hors d'état de suivre un enseignement plus poussé.

Quoiqu'il en soit, je garde un excellent souvenir de mon passage à l'École Supérieure d'Informatique.

PHILIPS

Toujours est-il qu'arrive le moment de choisir un stage de fin d'études. La plupart des étudiants optent pour un stage dans l'Hexagone (en France) ou dans un pays francophone, comme le Canada, pour ne pas être confrontés à la barrière de la langue. Personnellement, c'est au contraire le moment où j'estime préférable pour moi de m'orienter vers un pays anglo-saxon pour améliorer mon anglais et je choisis… les Pays-Bas et plus précisément la société Philips dont j'admire le dynamisme, étant entendu que chez Philips, la langue de travail est l'anglais au point qu'il m'est parfois arriver d'oublier que la langue officielle du pays dans lequel je me trouvais était le néerlandais. La plupart des gens, même dans la rue ou les transports en commun, répondent sans difficulté à une question posée en anglais. Faites l'expérience en France, je crains que le résultat ne soit sensiblement différent ! Ma candidature acceptée, j'effectue donc mon stage chez Philips, travaillant au sein de la société comme n'importe quel salarié. Tout se passe à merveille, j'apprécie l'ambiance très conviviale qui règne entre les employés et suis conscient de travailler pour une société de grand renom qui fabrique des produits de qualité et emploie des ingénieurs très qualifiés. La logique aurait donc voulu qu'à l'issue de mon stage je décide de rester chez Philips puisque j'en avais la possibilité. Mais j'avais l'impression, le sentiment plus exactement que tout cela n'était pas pour moi. A dire vrai, je commençais à m'ennuyer, j'avais besoin de changer d'air, de me confronter à de nouveaux défis, de faire bouger les choses. Tout allait très bien chez Philips, trop bien même, et le confort de cette situation ne convenait pas à mon tempérament aventureux. Il ne me semblait pas envisageable de m'épanouir dans ce cadre-là. Bref, je perdais mon temps et gaspillais mon énergie et ma créativité. Le souvenir de tout ce que j'avais lu et entendu à propos de Steve Jobs et Bill Gates et de leurs inventions aux États-Unis me revient alors et stimule mon imagination. Le « rêve américain » ? Je n'aime pas trop cette expression. Je dirais plutôt l'aventure américaine. Je vais donc parler de tout cela à la Directrice des Ressources Humaines de Philips qui a toujours manifesté une très grande considération à mon égard. Je lui parle de mon idée de partir aux États-Unis, un peu à l'aventure, et lui confie que j'aimerais beaucoup, si elle en est d'accord, qu'elle me fasse un petit mot d'introduction, de recommandation, qui puisse éventuellement m'épauler vis-à-vis d'un employeur éventuel, et pourquoi pas d'ailleurs Philips aux États-Unis. Immédiatement, et à ma surprise, elle me conforte dans ma décision, m'indique qu'elle a entendu parler de moi par mes collègues, et que notre conversation confirme ce qu'elle pensait. Elle m'encourage donc à aller au-delà et reconnaît que ma place n'est pas chez Philips. Et je dois dire que la lettre de recommandation qu'elle me remet peu après cet entretien m'a profondément et durablement marqué, à tel point que je l'ai conservée jusqu'à ce jour. Elle n'a vraiment rien d'artificiel, de stéréotypé, tout le contraire d'une lettre-type. Elle y déclare, en substance, à peu près ceci :

« Jacques est quelqu'un qui a tout le potentiel pour faire une carrière internationale et je souhaiterais vraiment qu'il mette cette occasion à profit pour aller plus loin et le soutiens dans cette direction ».

Nanti de cette précieuse lettre, je rentre en France, sollicite et obtiens un visa étudiant, prétendant que je pars aux États-Unis pour faire des études d'anglais. En réalité, quand je quitte Philips, mon anglais est déjà suffisamment bon pour que je puisse envisager de travailler dans une entreprise américaine. J'arrive donc aux États-Unis et je débarque à Washington DC qui me paraît constituer le choix le plus facile dans la mesure où c'est un carrefour international, avec New York. Mon aventure américaine peut donc commencer. Mon premier job américain consiste en une brève consultation dans une entreprise, une simple mission consistant en la réalisation d'un logiciel, ce qui présente l'avantage de me laisser suffisamment de temps pour rechercher un véritable emploi assorti d'un contrat de travail que je finis par décrocher effectivement en novembre 1989 dans une société qui s'appelle NALU et qui défend les intérêts de la plupart des grands groupes d'assurance.

NALU

Recruté en qualité d'ingénieur informaticien (software engineer), je suis chargé de concevoir de toutes pièces et dans les plus brefs délais, un système informatique complet, l'équipe précédente, licenciée en bloc, n'ayant pas été capable de relever le défi. Le temps presse, la compagnie perd des clients, et donc, bien entendu, de l'argent. En échange, la société NALU s'engage à me parrainer pour l'obtention du titre de séjour, la fameuse et si convoitée « *green card* ». Autant dire une manne tombée du ciel ! Dans l'immédiat, je travaille avec un titre dit H1 qui autorise un ressortissant étranger à travailler dans une compagnie à titre provisoire si celle-ci ne trouve pas de candidat de nationalité américaine pour pourvoir ce poste.

Par chance pour moi, mon patron, Kurt Ryan, vice-président du département informatique, ne s'intéresse pas seulement au management, c'est aussi un programmeur chevronné et un homme d'une intelligence tout à fait remarquable, par ailleurs diplômé de Carnegie Mellon. Il est en outre le plus jeune vice-président de la firme et je me sens très honoré de l'avoir à la fois comme patron et collègue car sa présence s'avère très stimulante pour moi. Ainsi, avec l'aide de quelques consultants, nous menons à bien, mon superviseur Duncan, Kurt et moi, de main de maître, le plus vaste et ambitieux projet informatique de l'histoire de la compagnie. Et en 1993, j'obtiens enfin ma *green card* grâce à l'intervention de NALU, et surtout à la diligence de Duncan. Je lui en sais gré.

Un bonheur n'arrivant jamais seul, la compagnie récompense mon travail en acceptant de payer mes études en MBA à la George Washington University, une des universités les plus coûteuses des USA ! Autre aubaine, mon bureau se trouve à deux pas à peine de l'école, ma fenêtre donnant sur l'un des dortoirs réservés aux étudiants, me dispensant ainsi de longues et pénibles heures passées dans les embouteillages, ce qui est le lot de la plupart des étudiants qui exercent un travail. L'obtention d'un MBA dans le cadre d'une scolarité à temps partiel nécessite en principe quatre années. J'obtiens pourtant le mien dès décembre 1994, soit en un peu moins d'un an et demi ! Il est vrai que, pour en arriver là, je passe de nombreuses nuits blanches dans mon bureau, souvent à l'insu de mes collègues. Malgré tous mes efforts, je crois pourtant que rien de tout cela n'aurait été possible sans le soutien sans faille de Jamie, américaine d'origine trinidadienne, rencontrée en 1991 et qui est devenue ma femme l'année suivante. Pendant cette période de travail acharné, nous nous encourageons mutuellement. Elle prépare en effet, de son côté, un diplôme d'expert-comptable qu'elle obtient à peu près au moment où je quitte George Washington.

En 1995, peu après l'obtention de mon MBA, j'envisage déjà mon départ de NALU, entrevoyant de nouveaux défis à relever, la possibilité de travailler sur d'importants projets avec de gros moyens. Néanmoins, par loyauté envers la compagnie qui m'a aidé, je décide de ne rien hâter même si j'ai passé cinq ou six ans dans cette firme, ce qui, aux Etats-Unis et qui plus est dans le domaine de la technologie, est déjà énorme. Toutefois, au début de l'année suivante, je me résous tout de même à prospecter le marché de l'emploi, obtenant aisément des entretiens auprès de plusieurs compagnies, la plupart tout à fait concluants ce qui me permet d'évaluer mon potentiel. Mais très vite, il m'appartient de choisir, dans la mesure où, parmi d'autres, j'obtiens deux offres très intéressantes, assez similaires, émanant de deux sociétés concurrentes : Arthur Andersen et Coopers & Lybrand, basées toutes deux en Virginie. Certes, Arthur Andersen est le numéro un mondial du consulting, tandis que Coopers n'occupe que le cinquième rang parmi celles que l'on appelle les *Big Six*, c'est-à-dire les six plus grandes firmes d'audit. Pourtant, malgré le prestige indéniable d'Andersen et le luxe de ses bureaux, mon choix se porte finalement sur Coopers dont j'admire la culture d'entreprise, moins bureaucratique que celle de son concurrent et qui me paraît en outre me réserver de meilleures perspectives de carrière.

Coopers & Lybrand – PricewaterhouseCoopers

Une anecdote concernant mon recrutement chez Coopers. Ils m'avaient vraiment très bien traité lors des entretiens que nous avions eus et, quand vient le moment de me faire une proposition salariale, ils me soumettent un chiffre tout à fait correct. Pourtant, j'ai le sentiment d'être en position de force et je choisis donc de me comporter comme si leur offre était totalement ridicule. Au grand dam de ma femme qui craint que l'offre ne soit retirée. En effet, après tout rien n'oblige l'employeur potentiel, à faire une contre-proposition à l'employé qui a rejeté sa première offre. La négociation peut parfaitement s'arrêter là et c'est ce que ma femme redoute. Cependant, je suis confiant, j'ai eu le sentiment que mes interlocuteurs étaient des gens intelligents qui s'intéressaient vraiment à moi et je reste persuadé que mon refus peut être perçu positivement. Comme pour me donner raison, Tracy Mass, la responsable des ressources humaines revient finalement vers moi pour me demander sans ambages combien je souhaite obtenir. J'hésite à lui donner un chiffre, bien entendu. Je tergiverse, l'invitant à formuler une offre qui soit en rapport avec ce qu'elle connaît de moi et de mes capacités, étant entendu que j'entends être immédiatement opérationnel dès l'instant où je serai recruté. Mais elle ne cède pas, insistant pour que je chiffre mes exigences. Cet échange de ping-pong dure quelques minutes à l'issue desquelles je finis par lâcher un chiffre que personne n'aurait pu raisonnablement penser que j'obtiendrais. Je m'attends d'ailleurs à ce qu'elle négocie à la baisse, cela fait partie du jeu. Il faut dire que le salaire en question était à six chiffres, « six figures » et représentait presque le double de mon salaire chez NALU. Mais elle me répond simplement : « Ok. Mais si nous vous donnons ce que vous demandez, ce que vous exigez, n'aurez-vous plus rien à revendiquer ? Nous ne souhaitons pas recruter quelqu'un qui, après un certain temps, se montrera à nouveau insatisfait. » Je m'empresse de la rassurer, ne souhaitant pas prolonger le débat, l'assurant de ma loyauté et de ma volonté de m'investir au service de l'entreprise. Et c'est ainsi que je suis engagé, nanti d'un « package » assez consistant.

Me voici donc chez Coopers & Lybrand que j'intègre en qualité de « senior associate ». Mon choix s'avère vite payant, d'autant plus que, quelques mois à peine après mon arrivée, la compagnie fusionne avec Price Waterhouse, autre géant du consulting que je suivais également de près, pour donner naissance à PricewaterhouseCoopers, nouveau numéro un mondial du consulting devant... Arthur Andersen !

Durant mon passage dans cette magnifique société, j'ai, entre autres, l'honneur et le bonheur de diriger un projet très important, celui du bogue de l'an 2000, pour le compte d'un très gros client, la Federal Aviation Administration (FAA), qui est en quelque sorte le gendarme du transport aérien aux USA. Projet d'autant plus stimulant et riche de sens pour moi qu'entre-temps j'ai réalisé un rêve de jeunesse, de petit garçon : apprendre à piloter.

Ce projet du bogue présente, compte tenu de son

importance, une grande visibilité. En qualité de chef de projet, je dirige une équipe et, rêve de tout informaticien, j'ai la possibilité de choisir tout le matériel informatique que je juge nécessaire pour mener à bien ce programme colossal, les sommes en jeu se chiffrant en centaines de millions de dollars ! L'aspect business d'une telle affaire étant important, nous travaillons en tandem avec un business manager, prénommé Mike, ce qui me permet de rencontrer un grand nombre de décideurs de l'administration fédérale, mais aussi de découvrir, non sans surprise, les travers de la bureaucratie américaine où le gâchis est souvent de mise. Un exemple parmi tant d'autres : afin de ne pas perdre le bénéfice de l'enveloppe budgétaire qui leur est allouée, les fonctionnaires commandent du matériel dont ils n'ont en réalité aucun besoin, n'hésitant pas, le cas échéant, à me demander de leur conseiller le plus cher !

En 1997, près de trois ans avant la date fatidique (le 1er janvier 2000), le projet est quasiment bouclé. J'ignore bien entendu à ce moment-là que je vais changer de compagnie dans les mois qui suivent et rejoindre Microsoft. Et pourtant… Toujours est-il que, curieux de tester, grandeur nature, la solution que j'ai imaginée pour résoudre le bogue de l'an 2000, je me débrouille, le jour J venu, pour retourner à Washington DC, et c'est ainsi que je me retrouve aux commandes d'un avion Cessna, le 31 décembre 1999 à minuit ! Je dois avouer que cela reste, aujourd'hui encore, un moment important de ma carrière, doublé d'un souvenir très fort et très particulier.

Comment, dans ces conditions, me suis-je retrouvé

chez Microsoft ? J'avoue, sur le moment, en avoir été le premier surpris. En effet, comme je viens de le raconter, je suis alors en Virginie où je travaille pour PricewaterhouseCoopers (PwC) et, à vrai dire, j'y trouve un certain bonheur, je suis plutôt satisfait de ma situation. Et puis un jour, alors que je participe à un forum informatique à Washington DC, je me retrouve, un peu par hasard, à discuter avec des managers de chez Microsoft de la technologie, d'Internet et de son impact sur la vie des gens. Les échanges deviennent très sérieux, le ton monte aussi, comme toujours entre vrais passionnés, quand l'un de mes interlocuteurs, usant d'une formule – du reste assez pompeuse – en usage dans le monde de la *high tech*, me demande soudain : « Cela t'intéresserait-il de changer le monde avec Microsoft ? ». Du tac au tac, presque par défi, je ne réponds « Pourquoi pas ? » et nous échangeons nos coordonnées. Les choses auraient pu en rester là. Pourtant, moins d'une semaine plus tard, je reçois une invitation à me présenter au siège social de Microsoft à Redmond, pour une série d'interviews concernant un poste de chef de projet, en liaison avec le bureau du Chairman, Bill Gates en personne. Ma surprise est totale. Certes, la bataille de l'Internet bat alors son plein et Microsoft a besoin de renforcer son équipe pour la gagner. Pour autant, je ne m'étais pas imaginé être en mesure, ne serait-ce que psychologiquement, de relever un tel défi et d'apporter ma pierre à l'édifice Microsoft !

Ma journée type chez Microsoft

Je crois qu'une des meilleures manières de rendre compte de ce qu'est l'univers Microsoft est de s'attarder un instant sur ce que j'appellerai ma journée type, même si, en réalité, chaque journée est par nature particulière, la routine étant une notion inconnue chez Microsoft.

Mais je ne résiste pas, au préalable, au plaisir de vous raconter ma première journée à Redmond, au siège de la société. Lorsque j'ai débarqué chez Microsoft, j'ai assisté, avec les nouveaux arrivants, à une séance d'orientation au cours de laquelle on nous a longuement présenté la compagnie et fourni une foule d'informations, en nous indiquant par exemple comment obtenir de l'aide, de l'assistance en cas de besoin. Après avoir absorbé sinon digéré toutes ces informations, j'aurais pu imaginer que ma journée était terminée et que j'allais rentrer chez moi pour revenir le lendemain. Après tout, il était déjà près de 17 heures. Mais pas du tout. Chacun d'entre nous a été conduit dans son bureau pour commencer à travailler séance tenante. La première chose qui me frappe, lorsque je prends possession de mon bureau, c'est qu'il n'y a pas d'ordinateur ! Je suis chez le leader mondial des logiciels et aucun ordinateur ne trône sur mon bureau. Je dispose d'une chaise, d'un bureau et de tout le matériel nécessaire, à l'exception notable d'un ordinateur. Mettant en pratique ce que j'ai retenu de la séance d'orientation, je me mets donc en quête de ce qui me manque et obtient de l'« administrative assistant » un ordinateur ou, plus exactement, de quoi m'en confectionner un puisqu'aucune machine ne semble m'être destinée. Je reçois donc des éléments épars qu'il m'appartient d'assembler, de câbler et de mettre en réseau. Je me retrouve donc rapidement en train de faire du hardware, bien que je ne pense pas avoir été recruté pour cela. Mais je dois disposer rapidement d'une machine en état de fonctionner pour me permettre d'accomplir le travail que l'on attend de moi. Par chance, je possède une certaine expérience du hardware si bien que l'opération se déroule à peu près correctement, même si je suis amené à poser quelques questions. Quoiqu'il en soit, il est alors 19 heures et, bien que la journée m'ait déjà semblé longue et bien remplie, je constate qu'il y a encore de nombreux employés dans les bureaux. Pire encore, ils me paraissent frais et dispos, comme s'ils venaient d'arriver à l'instant, ce qui ne manque pas de susciter à la fois mon étonnement et mon anxiété. Si cela se passe ainsi pour moi dès le premier jour, que me réserve la suite dans une compagnie qui est décidément bien singulière ? Je prends le parti d'essayer de me comporter comme les autres, si bien que je quitte Microsoft, ce soir-là, vers 20h30, non sans me faire toutefois la réflexion suivante : « je suis arrivé ici ce matin peu après 7 heures, je quitte ce soir à 20h30. Sacrée journée quand même ! »

Ce que j'allais constater bien vite, c'est qu'à la différence des autres sociétés où, s'il est vrai qu'il peut arriver de travailler tard sur un dossier important, on « déconnecte » une fois que l'on est rentré chez soi, chez Microsoft, quitter le bureau ne signifie en rien que la journée de travail est terminée. Si l'emploi du temps peut apparaître souple, s'il est possible de quitter de bonne heure, pour un rendez-vous par exemple, et décider de rentrer directement chez soi ensuite, un employé de chez Microsoft reste connecté en permanence avec la compagnie et continue sa journée de travail à son domicile ! La question de savoir à quelle heure on va pouvoir quitter le bureau lorsque l'on a démarré un travail important ne se pose même pas puisque l'on continuera ce travail une fois rentré chez soi, ne serait-ce que parce que l'on appartient à un groupe dans lequel tout le monde fonctionne ainsi et qu'il serait malvenu de se démarquer.

Voici donc l'atmosphère dans laquelle je me retrouve plongé dès les premiers jours de mon arrivée à Microsoft. Malgré ces sources d'étonnement, je comprends rapidement qu'un challenge formidable et passionnant m'attend.

***

Revenons-en à la journée type chez Microsoft, bien que le terme soit abusif dans la mesure où, comme je viens de l'expliquer, la journée de travail se poursuit bien au-delà des murs de la compagnie.

Je me lève généralement tôt, je suis en effet un lève-tôt, généralement entre 4 heures et 4h30 du matin. J'ai l'habitude de consacrer ces moments privilégiés aux tâches les plus délicates, celles qui nécessitent beaucoup de réflexion, une réflexion poussée, par exemple la programmation d'un code complexe. Si, la veille, j'ai eu du mal à résoudre un certain problème, à percer le mystère d'une équation par rapport à un code, je préfère en général le mettre de côté et le reprendre le matin au réveil, lorsque je suis frais, à 4 heures ou 4 heures 30. Cette plage de travail à la maison dure jusqu'à 7 heures environ, heure à laquelle je me prépare pour partir, après avoir vu très brièvement ma femme, mes enfants dormant encore la plupart du temps lorsque je m'en vais. Autant dire que les petits déjeuners en famille relèvent de l'utopie ! Avant même d'arriver chez Microsoft, j'ai déjà en tête tout ce que je vais avoir à résoudre au bureau, ce qui est susceptible de se passer dans la journée. Il est quasiment impossible de penser à autre chose, tant tout est vraiment centré sur le travail.

J'arrive donc au bureau à 8 heures au plus tard. Ma première activité consiste à lire mes e-mails, plus exactement les « scanner » très rapidement. Il me faut en effet un agenda pour la journée et pour cela, j'ai besoin d'être au courant de tout ce qui s'est passé la veille, comme de tout ce qui est en train de se passer. L'outil de communication privilégié, chez Microsoft, c'est l'e-mail. Tous les employés, quel que soit leur niveau de responsabilité, communiquent par ce moyen. A mon arrivée, j'ai donc une quantité très importante d'e-mails à parcourir. On a du mal à imaginer à quel point le volume d'e-mails échangés dans une compagnie comme Microsoft est véritablement énorme. Je consacre donc pas mal de temps à en prendre connaissance. Une fois que c'est fait, je suis en mesure de me bâtir un agenda pour la journée qui prenne en compte les nouvelles informations que je viens de recevoir. Par exemple, je suis informé de ce que mes subordonnés ont fait, des progrès qu'ils ont accompli par rapport à tel ou tel projet. Vient alors le moment où je regarde les invitations à différents meetings. Je sélectionne ceux auxquels je dois participer, décline les autres d'un simple clic de souris. Ce simple choix constitue en lui-même un véritable challenge, car si les meetings sont généralement relativement brefs, parfois pas plus de 15 minutes, il y en a énormément. Il est donc important de déterminer lesquels sont vraiment utiles et vont vous permettre de faire avancer votre travail de la manière la plus efficace possible. A côté des meetings auxquels je suis invité, il y a ceux que j'organise, en qualité de senior manager, de chef de projet, pour faire le point sur tous les projets en cours dont j'ai la charge.

Puis je rencontre individuellement mes collègues, généralement en passant les voir dans leur bureau, pour savoir s'ils ont besoin d'aide ou parler brièvement d'un projet sur lequel ils travaillent, pour faire le point avec eux et savoir où ils en sont. Une fois accomplie ma tournée, je participe aux réunions que j'ai précédemment choisies ou anime celles que j'ai organisées. Tout cela se passe dans la matinée. Il est en effet extrêmement rare que j'entreprenne un travail dense le matin, cette tranche horaire étant vraiment consacrée aux échanges en tous genres, en groupe ou en tête-à-tête. Elle est très importante puisqu'elle permet d'aborder les questions soulevées dans les dernières 24 heures, de cerner les problèmes, de discuter des solutions à y apporter etc... Ce n'est qu'à ce moment-là, donc généralement en fin de matinée, que je me retrouve seul dans mon bureau pour dresser ce que j'appellerai mon « battle plan », mon plan de bataille pour la journée qui concerne non seulement les problèmes du jour, ceux qui ont émergé au cours des heures écoulées mais également, bien entendu, ceux qui ont une durée beaucoup plus longue. Tout ce processus peut sembler, vu de l'extérieur extrêmement long et fastidieux mais en réalité, il est indispensable car chez Microsoft plus qu'ailleurs, la clé de la réussite réside dans l'organisation du travail. Celui qui ne parvient pas à s'organiser se retrouve très vite au cœur d'un véritable naufrage et court le risque de sombrer irrémédiablement tant la charge de travail est importante, les problèmes incessants et les soucis continuels. Le stress généré est tel qu'il est très facile de lâcher prise et perdre pied. Quelle que soit la complexité des problèmes auxquels je me trouve confronté, quelle que soit la difficulté de la situation rencontrée, je m'efforce toujours de ne pas perdre mon calme, de prendre le temps de l'analyse pour être en mesure d'organiser mon travail de façon rationnelle et efficace. Le reste coulera de source, ou presque. Et ce n'est qu'à partir du moment où j'ai le sentiment d'avoir bien organisé mon emploi du temps de la journée que je passe à l'exécution des tâches qui me sont imparties personnellement, notamment les tâches techniques.

Je commence généralement à m'y mettre en début d'après-midi et j'y consacre en moyenne quatre à cinq heures, c'est-à-dire en pratique tout le reste de l'après-midi. Ensuite, il est très fréquent qu'il y ait à nouveau des meetings autour de 17 heures ou 18 heures, c'est-à-dire juste avant que certains employés quittent le bureau.

Encore une fois, il ne s'agit pas de réunions formelles et de longue durée. Quelques minutes suffisent en général. On profite simplement de leur présence pour faire le point, avant leur départ, ce qui permet parfois d'obtenir précisément l'information dont on a justement besoin pour avancer et boucler un dossier avant de rentrer à la maison. Après ces réunions éventuelles, je retourne dans mon bureau et continue mon travail. Bien sûr, c'est plus ou moins la fin de la journée, la fatigue commence à se faire sentir mais, paradoxalement, c'est peut-être l'un des moments où je suis le plus efficace dans la mesure où il y a moins de sujets de distractions, d'interruptions. Je peux ainsi travailler pendant deux ou trois heures sans être dérangé et avancer de manière significative et concrète.

Je quitte en général Microsoft vers 20 heures. Je considère personnellement que c'est une bonne heure pour aller dîner, en tout cas c'est l'heure qui me convient le mieux même si chez moi, aux États-Unis, on dîne plutôt entre 18 et 19 heures. Arrivé à la maison, je dîne donc, souvent seul parce que ma femme et mes enfants ont déjà terminé. Mais ils sont présents avec moi. Il y a donc, si je puis dire, une certaine interaction avec ma famille et particulièrement mes enfants jusqu'à l'heure de leur coucher. Puis, une fois qu'ils vont au lit, à partir de 21h30 ou 22 heures, je lis mes e-mails, ceux qui sont arrivés depuis le matin mais aussi ceux que je n'avais pas pris en compte lors de ma lecture matinale, parce qu'ils n'étaient pas spécifiés « urgent » ou qu'en les « scannant » j'avais décidé qu'ils pouvaient attendre un peu et les avais réservés pour la maison. Ce sont souvent des e-mails longs, pas nécessairement les plus importants ni les plus urgents mais dont il faut néanmoins connaître le contenu. Étant donné le volume de courrier à lire, j'y consacre quand même un certain temps. Puis, avant d'aller me coucher, je revois encore une fois l'agenda de la journée écoulée pour évaluer ce qui a été accompli, ce qui reste encore à effectuer et ce qu'il est urgent d'achever avant le lendemain, ne serait-ce que pour préparer les rencontres éventuelles. Et tout cela, et notamment les tâches les plus complexes, les plus délicates, je le réserve pour le lendemain matin à 4 heures ou 4 heures et demi, lorsque je me lèverai.

C'est à cela que ressemble ma journée type à Microsoft, journée très bien remplie comme il est facile de le constater. Et, pour couronner le tout, il est important de mentionner que la semaine d'un employé de Microsoft ne s'arrête évidemment pas le vendredi soir.

Certes, je ne vais généralement pas au bureau le week-end, sauf lorsqu'il y a une réunion ou un projet à terminer. Dans ce cas, c'est tout le groupe qui est en charge du projet qui se retrouve au bureau pour travailler, discuter des points techniques, résoudre les ultimes problèmes. Bien sûr, c'est plus flexible qu'en semaine, on n'est pas forcément tenu d'être sur place à 8 heures du matin ni d'y rester jusqu'à 19 heures ou davantage. L'important est, comme toujours, que le travail soit achevé dans les temps. De toute façon, même lorsque l'on passe un week-end à la maison, sans mettre les pieds « physiquement » au bureau, on reste connecté, on travaille à la maison. C'est à la fois une habitude et une nécessité. Si bien que l'on peut véritablement dire, sans exagérer, qu'on travaille tous les jours chez Microsoft ! Je n'ai pas le souvenir d'un week-end entièrement libre ou, plus exactement, les rares fois où je m'y suis risqué, j'en ai payé le prix fort dans les jours qui ont suivi, devant fournir des efforts considérables pour me remettre à niveau. Bien entendu, dans le top management de Microsoft, vous ne trouverez personne pour reconnaître cette situation, le discours officiel étant que chaque employé est libre de s'organiser comme il le souhaite. La perspective d'un jour « off », consacré exclusivement à la famille et aux loisirs, sans parler boulot, pour séduisante qu'elle soit est, sinon totalement illusoire, du moins assez peu réaliste. A tel point qu'il n'est pas rare de voir un employé annuler ses vacances, même après avoir pris des engagements financiers, parce qu'un projet est en péril ou pour toute autre motif professionnel. Et j'ai rarement vu quelqu'un, chez Microsoft, s'accorder plus d'une semaine de vacances !

Il faut souligner toutefois que l'exemple de cet acharnement au travail vient d'en haut, si je puis dire. Bill Gates lui-même arrive généralement assez tôt au bureau et en repart tard le soir. Il est très fréquent de le croiser dans les locaux de Microsoft, ce qui contraste singulièrement avec les autres entreprises que j'ai pu connaître où il n'était pas rare de passer deux semaines au moins sans voir le grand patron. Comme en outre il n'aime pas voyager à moins d'y être contraint par ses obligations professionnelles, il passe beaucoup de temps au siège de Microsoft. On peut donc dire qu'il donne le ton, le tempo et que les employés calquent, plus ou moins consciemment leur attitude sur la sienne !

Bill Gates

Il m'est évidemment impossible d'évoquer Microsoft sans m'attarder un instant sur la personnalité de Bill Gates, son patron et co-fondateur. Pour autant, il n'est pas aisé pour moi, de parler d'un personnage aussi complexe et parfois controversé que Bill Gates, d'autant plus que j'ai travaillé pour Microsoft pendant près dix ans et l'ai côtoyé à de nombreuses reprises. Si le moment me semble aujourd'hui opportun, c'est tout simplement parce que j'ai quitté Microsoft et suis en mesure de porter un double regard, intérieur et extérieur, sur le personnage, en m'efforçant à la plus grande objectivité. Il existe, bien entendu, une abondante littérature sur Bill Gates, parfois polémique, mais pour l'essentiel largement positive, sinon hagiographique. J'ai naturellement lu quelques-uns de ces ouvrages et ne prétend nullement rivaliser avec eux, surtout en l'espace de quelques lignes. Il est néanmoins important de mentionner que, pour l'essentiel, c'est la face « business » de l'homme qui a été explorée par ceux qui se sont penchés sur son cas, les secrets de son extraordinaire réussite, son tempérament de gagneur, de compétiteur-né qui en font un adversaire très redouté, ses méthodes parfois rudes pour ne pas dire discutables etc. Alors que ce qui m'intéresse ici chez Bill Gates, au-delà de ses incroyables qualités de businessman, c'est l'individu dans son comportement au quotidien. Il est vrai que j'ai eu cette chance d'intégrer Microsoft relativement tôt, si j'ose dire, en tout cas à une époque – 1997 – où la compagnie n'avait pas encore atteint la taille qu'elle possède aujourd'hui et comptait encore un nombre relativement restreint d'employés. Cela m'a donc donné l'occasion de côtoyer non seulement Bill Gates, mais tous les autres collaborateurs de la firme, en tout cas au siège, à Redmond, ce qui serait inimaginable aujourd'hui. Il est important de souligner que cette disponibilité résulte de la volonté affichée par Bill Gates lui-même de pratiquer ce qu'il appelle la politique de la porte ouverte, « *open-door policy* ». Ainsi, l'employé, quel que soit son rang dans la compagnie, qui manifeste le désir de rencontrer un collègue, fût-il Bill Gates en personne, n'a nul besoin d'observer un quelconque protocole ou de se plier à un formalisme pesant en faisant une demande d'audience. Une simple demande de rendez-vous, par e-mail évidemment, suffit, sans qu'il soit même nécessaire de passer par sa secrétaire. D'ailleurs, il ne manque pas de faire savoir qu'il lit lui-même tous les e-mails qui lui sont adressés, en tout cas ceux qui lui parviennent en interne, pour offrir à chacun l'opportunité de s'adresser à lui de manière confidentielle. L'idée est d'instituer une forme de démocratie, si j'ose dire. C'est en tout cas la pratique quotidienne au siège social. Dans les autres succursales de Microsoft, les politiques sont probablement adaptées aux usages locaux mais c'est véritablement ainsi que cela se passe à Redmond. Une des conséquences de cette « *open-door policy* » est que, paradoxalement, Bill Gates est finalement moins sollicité, ce qui s'explique très bien en réalité. En effet, chacun sachant qu'il lui est possible de rencontrer le grand patron quand il le souhaite, on hésite à le déranger pour des broutilles, il faut vraiment avoir une excellente raison pour le faire. Même si un e-mail pour le féliciter du lancement d'un nouveau produit est toujours apprécié et obtient une réponse personnelle.

En outre, les occasions de rencontrer Bill Gates de manière impromptue ne manquent pas. Ainsi que je l'ai souligné précédemment, il passe en effet beaucoup de temps dans les locaux de la compagnie. Il est donc tout à fait possible de le croiser à la cafétéria et de discuter un moment avec lui.

Un certain nombres d'occasions importantes suscitent également des rencontres avec Bill Gates. Des colloques, des forums et surtout ce que l'on appelle les « *stategic review meetings* ». Il s'agit de réunions d'évaluation annuelles, au cours desquelles chaque département, sous la conduite de son manager, fait une présentation des projets sur lesquels il travaille. Ces présentations sont très brèves, une dizaine de minutes tout au plus, questions comprises, mais chacun sait que le temps peut parfois sembler bien long dans certaines situations. Il est indispensable d'être parfaitement préparé et de maîtriser son sujet dans les moindres détails car Bill Gates et son état-major ont souvent des questions très pointues. Ce qu'il y a d'intéressant à noter, et on le doit également à Bill Gates, à l'esprit qu'il a entendu insuffler chez Microsoft et que je n'ai pour ma part rencontré dans aucune autre compagnie, c'est que les vice-présidents ou les responsables de haut niveau d'un projet, les senior managers, laissent très fréquemment leurs subordonnés en assurer la présentation. C'est bien évidemment une manière de les encourager, de les mettre en avant, ou plus exactement de valoriser le travail de l'équipe dans son ensemble. De démontrer que n'importe lequel des membres de l'équipe est tout à fait capable de la représenter et, pour le responsable, de prouver que le collectif est en mesure de fonctionner sans lui. C'est cela l'esprit Microsoft. Un manager qui s'inquièterait de savoir si son équipe ne court pas à la catastrophe en son absence ne serait pas perçu à Microsoft comme un bon chef. Le bon chef est celui qui réussit à autonomiser ses subordonnés. Quoiqu'il en soit, lors de ces présentations, n'importe quel employé, quel que soit son niveau peut être désigné pour présenter le projet au nom de l'équipe devant Bill Gates et son staff. Et il est très fréquent que celui-ci pose des questions pour s'informer ou s'intéresser à un point technique particulier. Ces questions ne sont pas conçues pour mettre en difficulté le présentateur mais plutôt, généralement, pour l'encourager.

Ce qu'il y a d'extraordinaire à mon avis chez Bill Gates et qui en fait un personnage à la fois attachant et surprenant, c'est qu'il n'hésite jamais, contrairement à la plupart des grands patrons traditionnels, à mettre la main à la pâte. Il ne se contente pas d'ordonner, diriger et superviser les travaux exécutés par ses employés. C'est avant tout quelqu'un qui manifeste une réelle passion pour la technologie. C'est pourquoi il aime à se mêler de la conception, la réalisation et la mise en œuvre des logiciels, s'efforçant d'être impliqué personnellement dans tout nouveau projet, de se tenir au courant de tout ce qui se passe sans hésiter, le cas échéant, à faire des suggestions d'ordre technique. Il s'agit là d'une facette très importante de sa personnalité, cette manière naturelle et spontanée d'être proche des salariés, des ingénieurs, des programmeurs. Il est évident qu'en agissant ainsi, il s'attire le respect de tous parce qu'il bénéficie d'une incontestable aura intellectuelle et technologique.

Un autre point remarquable est son extraordinaire capacité à absorber les informations. Il est en effet très rare de voir un dirigeant, un leader, connaître en détail le fonctionnement de son entreprise et tous ses produits. Ce n'est d'ailleurs souvent pas nécessaire. Mais dans le cas de Bill Gates, c'est véritablement quelque chose qui le passionne, sa curiosité est insatiable à l'égard de tout ce qui touche aux questions technologiques, à tel point que cela peut être intimidant pour ceux qui travaillent sous ses ordres. Chaque fois que, dans le cadre d'un projet, on a affaire à Bill Gates, il est indispensable d'être parfaitement préparé car il n'est pas pensable de tenter de lui faire croire ce qui n'est pas. Mieux vaut alors jouer la carte de l'honnêteté en reconnaissant ses lacunes et en promettant d'y remédier rapidement !

Mais j'ai eu aussi la chance de pouvoir observer Bill Gates dans un cadre beaucoup plus informel. Il a en effet institué une pratique consistant à organiser un dîner à son domicile de Seattle – une maison futuriste d'une valeur de plus de cent millions de dollars construite au bord du Lac Washington – en l'honneur des stagiaires de Microsoft. Il s'agit de jeunes étudiants des universités qui ont eu la chance de décrocher un stage très prisé et très compétitif à Microsoft pendant les vacances d'été. Pendant la durée de leur stage – deux ou trois mois – ils sont considérés comme des employés à part entière. Et Bill Gates a eu cette idée, tout à fait louable et originale, de les inviter chez lui, en groupe, à mi-parcours de leur stage. Les managers qui emploient et supervisent ces stagiaires dans leur département les accompagnent. C'est une expérience tout à fait intéressante que j'ai eu l'occasion de vivre en 1999, avec un jeune stagiaire qui s'appelait Will. Le dîner est très simple et décontracté, très informel comme le reste de la soirée et, hormis le cadre futuriste, il est difficile d'imaginer que l'on dîne et discute à bâtons rompus avec l'homme le plus riche du monde ! Bill Gates est en effet, en privé, beaucoup plus détendu qu'à Microsoft, moins sérieux, en un mot « cool », comme disent les jeunes. Il s'intéresse aux projets d'avenir des stagiaires, aux conditions dans lesquelles se déroule leur stage. Cherche à savoir s'il y a des points qui pourraient être améliorés. Mais les sujets abordés peuvent n'avoir rien à voir avec Microsoft et c'est d'ailleurs son souhait. Néanmoins, la plupart des stagiaires saisissent cette occasion unique pour « parler boulot », justement, avec le fondateur mythique de Microsoft.

En réalité, l'un des objectifs de cette soirée est, non pas d'éblouir ces jeunes gens, au sens de leur en mettre plein la vue pour le seul plaisir de briller, mais plutôt de leur montrer l'exemple de la réussite, les stimuler pour susciter chez eux la volonté de réussir à leur tour, décupler leur motivation. Et cela ne vaut pas uniquement pour les stagiaires mais aussi pour les managers qui les accompagnent. Le message est le suivant : tout est possible à condition de s'en donner les moyens, même si chacun sait que le chemin est très long et semé d'embûches pour y parvenir. Au cours de la soirée, il s'adresse donc à tout le monde et suscite le dialogue car il a l'art de créer une atmosphère détendue, conviviale, si bien que les participants se sentent suffisamment à l'aise pour tenir une discussion tout à fait franche et cordiale avec lui. Le look aussi a son importance, bien entendu, pour que l'ambiance soit chaleureuse, amicale et informelle. Étant à son domicile, dans son environnement privé, il reçoit ses invités en pull-over. Il existe d'ailleurs un contraste tout à fait saisissant entre ce Bill Gates, naturel, décontracté, ou même celui que l'on rencontre à Microsoft, sérieux mais ouvert et disponible, et celui que l'on peut apercevoir le soir à la télévision ou dans les journaux, en costume-cravate, affichant beaucoup de gravité, de sévérité et se pliant à un formalisme qui est aux antipodes de la culture Microsoft.

Un autre aspect du personnage, et nous touchons peut-être là l'un de ses défauts ou en tout cas une de ses limites, c'est que c'est quelqu'un qui a une exigence absolue de perfection, au point qu'il aspirerait à être le meilleur dans tous les domaines, même lorsque cela n'est pas du tout réaliste. Sa nature est telle qu'il est toujours en train de courir après ce dessein, cette chimère d'être le meilleur partout.

Deux exemples contrastés illustrent assez bien mon propos, l'un présentant un succès de Bill Gates dans sa course à l'excellence, l'autre un énorme point d'interrogation. Le premier exemple concerne le web browser, le navigateur, c'est-à-dire dans le cas de

Microsoft, Internet Explorer. Tout le monde se souvient qu'il y a quelques années, Netscape était largement en avance sur Microsoft en ce domaine, et pour cause puisque la compagnie de Redmond ne possédait même pas de browser ! Aujourd'hui pourtant, Internet Explorer détient environ 80 % du marché. Les raisons de ce succès exceptionnel du produit Internet Explorer, en dehors des compétences purement technologiques des programmeurs et ingénieurs de Microsoft, résident dans ce que je serais tenté d'appeler l'humilité de Bill Gates. En 1995, lorsque Netscape voit le jour – en réalité Netscape est né en 1994 mais a pris son véritable envol en 1995 – Bill Gates et nombre de ses lieutenants sont en train de nier l'avenir de l'Internet, quasiment considéré, en caricaturant à peine, comme un gadget. Fort de cette certitude, on commet donc l'erreur de laisser Netscape monter en puissance jusqu'au moment où on est bien obligé d'admettre que Netscape est sur la bonne voie et que l'avenir se joue peut-être, après tout, sur Internet. A la décharge des stratèges de Microsoft, cette erreur d'appréciation qui nous semble aujourd'hui parfaitement invraisemblable était sans doute en partie due au fait qu'il était très difficile pour une compagnie qui était florissante, financièrement parlant, d'accepter de se remettre en question et de changer de cap. Il a donc fallu à Bill Gates un réel courage et une bonne dose d'humilité pour intégrer le facteur Internet à la stratégie de développement de Microsoft. Même si on peut considérer qu'il ne s'agissait après tout que d'un ajout, l'opération n'était pas dépourvue de risques. En effet, à partir du moment où une compagnie comme Microsoft, avec son prestige, sa position, commençait à adopter un standard, et le web browser en était un, le message était lancé, urbi et orbi qu'il fallait commencer à se lancer dans le développement autour de ce standard, et Microsoft courait dès lors le risque de perdre beaucoup d'argent, mais aussi de crédibilité si son pari s'avérait un échec. Toujours est-il qu'en moins de trois ans, Microsoft avait déjà rattrapé son retard et même dépassé Netscape ; on connaît la suite. Netscape a disparu du paysage technologique et Internet Explorer est devenu, non seulement le web browser numéro un, mais détient 80% de parts de marché. En termes de stratégie, la démarche était assez brillante, même si elle comportait quelques aspects plus ou moins controversés. Ses détracteurs ont ainsi parlé de « dumping », dans la mesure où Microsoft offrait son browser gratuitement à qui voulait l'utiliser, ce qui n'a pas toujours été perçu, c'est le moins que l'on puisse dire, comme une concurrence saine et loyale puisque le développement du browser avait forcément un coût. Toujours est-il qu'au bout du compte, Microsoft l'a emporté sur Netscape.

Le deuxième exemple, beaucoup plus récent, tourne autour de ce que j'appellerai le modèle Google. Google est en train, il faut bien l'admettre en toute honnêteté, distancer Microsoft dans un certain nombre de domaines. Pourquoi ? Tout simplement parce que, outre le fait qu'ils comptent en leurs rangs des gens aussi intelligents, aussi capables que ceux qu'emploie Microsoft, ils ont opté pour un modèle totalement nouveau, révolutionnaire, bouleversant littéralement le système. Comment ? En faisant du Web, de l'Internet, le centre, le système nerveux de leur développement en termes tant de technologie que de stratégie. Si bien que la compagnie de Bill Gates, après pas mal d'atermoiements, a fini par comprendre qu'il lui faudrait livrer bataille sur un terrain qui était tout à fait nouveau pour elle, et dont elle ne connaissait pas la plate-forme. En effet, la stratégie de Microsoft a toujours été articulée autour du système d'exploitation, Windows, connu universellement. Or, voilà un système, un concept nouveau qui n'est pas articulé autour du système d'exploitation. En outre, Google crée quelque chose de non seulement nouveau et innovant mais, qui plus est, solide, « sound » comme disent les Américains. Ce n'est en rien du gadget, ça n'a rien de superficiel, tout laisse à penser que cette manière de concevoir la communication représente l'avenir de l'informatique. La société Google semble donc avoir de très beaux jours devant elle. Tant et si bien que, comme dans l'épisode Netscape, mais de manière beaucoup plus profonde et durable, Microsoft (et donc Bill Gates) se retrouve sans la peau du challenger. Deux options s'offrent alors : soit elle laisse ce terrain de jeu à Google et se contente de sa « vieille » plate-forme, soit elle change complètement de cap pour emboîter le pas à Google avec comme objectif de devenir la meilleure, ce qui ne va pas sans certains risques parce que la « vieille plate-forme » en question constitue, il ne faut pas s'en cacher, la vache à lait de Microsoft, représentant pratiquement 90% des systèmes d'exploitation utilisés dans le monde ! Le dilemme est donc d'importance. Et la bataille promet d'être rude, la compétition vigoureuse. Et je ne suis pas certain que Microsoft soit, cette fois-ci et malgré des sommes très importantes dans ses coffres, en position de l'emporter. Du moins pas sans changement d'équipe managériale. Je reviendrai sur ce point un peu plus tard. Ce n'est plus une question de moyens financiers. La première et évidente raison pour laquelle la bataille s'annonce difficile, réside dans la qualité des dirigeants de Google. J'en connais certains, personnellement. Je ne parle pas ici des deux co-fondateurs qui sont, j'allais dire, presque des gamins, en tout cas des jeunes d'une autre génération, mais par exemple du CEO « Chief executive officer », le PDG en quelque sorte, qui s'appelle Eric Schmidt, un dirigeant chevronné que Microsoft connaît bien. En effet, dans les années quatre-vingt, Eric Schmidt dirigeait la société Novell, précurseur et leader dans le domaine des réseaux qui était en concurrence avec Microsoft. Finalement, la société de Bill Gates a littéralement écrasé Novell qui a connu une fin dramatique, non par l'incompétence de son PDG, mais faute de moyens logistiques et financiers pour lutter à armes égales dans un milieu très compétitif et impitoyable. On peut donc imaginer qu'Eric Schmidt, nommé à la tête de Google, a une revanche à prendre sur Microsoft ! Et comme il s'agit d'un homme très compétent, très brillant, la firme de Bill Gates a manifestement du souci à se faire. D'autant plus qu'avec son expérience irremplaçable du milieu de la haute technologie, Eric Schmidt a vite su s'entourer des meilleurs talents, n'hésitant pas à appliquer les méthodes « Bill

Gates », celles qui ont longtemps fait la force de Microsoft, à savoir le débauchage chez les concurrents des salariés les plus compétents, ce qui requiert bien évidemment des moyens financiers que Google possède. Une parenthèse ici pour illustrer la redoutable efficacité, mais aussi ce que l'on pourrait appeler les « dommages collatéraux » provoqués par la méthode Microsoft. Il existait, dans les années quatre-vingt, une société de grande qualité, Borland International, qui avait été fondée par un français, Philippe Kahn, un homme extrêmement brillant, visionnaire même, que j'admirais beaucoup et qui concevait et commercialisait des produits de grande qualité, tels que Turbo Pascal, Turbo C et j'en passe. Borland était à cette époque un concurrent direct de Microsoft. D'ailleurs, à titre personnel, je dois dire que j'utilisais beaucoup plus volontiers les produits Borland que leurs équivalents Microsoft. Il est vrai que j'étais alors bien loin d'imaginer que je travaillerais un jour pour Bill Gates ! Quoiqu'il en soit, Microsoft n'eut de cesse de débaucher un à un les meilleurs talents de Borland pour prendre son envol avec le succès que l'on sait. Un exemple très concret concerne Brad Silverberg, le père d'Internet Explorer, arraché à Borland. L'ironie de l'histoire, c'est que Microsoft est aujourd'hui victime de ses propres méthodes, Google n'hésitant pas à débaucher quelques-uns de ses meilleurs éléments. Au point qu'ils sont même allés jusqu'à ouvrir, non loin du campus de Microsoft, un centre dédié au recrutement des meilleurs talents de la compagnie de Bill Gates, avec un certain succès, il faut le reconnaître ! J'ai moi-même été approché, sollicité par des émissaires de Google. L'ironie se situe d'ailleurs à deux niveaux. Le premier vient d'être évoqué, c'est ce qu'on pourrait appeler la mésaventure de l'arroseur arrosé. Mais là où cela devient incroyable, et je le dis avec beaucoup de regret concernant une société avec laquelle je garde un rapport affectif, c'est que Microsoft a été jusqu'à porter plainte, dans certains cas, contre Google, alors qu'il n'y a pas si longtemps encore, elle traitait ses concurrents – comme Borland – qui allaient en justice, de pleurnicheurs et de mauvais joueurs ! Le cas le plus célèbre est celui de Kai-Fu Lee, un immense talent qui travaillait chez Microsoft dans ce que l'on appelle « *speech recognition* », la reconnaissance vocale. Kai-Fu Lee est véritablement un expert, une autorité dans son domaine. Il a été débauché par Google en 2005 et Microsoft a évidemment très mal pris son départ, au point de porter l'affaire en justice, arguant, comme toujours dans ces cas-là, que l'employé débauché est détenteur de secrets professionnels, qu'il a signé un contrat d'engagement etc. Toujours est-il que Microsoft a perdu et que Kai-Fu et Google ont obtenu gain de cause. J'avoue avoir été attristé de voir que Microsoft se comportait dorénavant comme n'importe quelle compagnie « commerciale », loin de la philosophie qui avait fait sa force. J'aurais apprécié qu'elle fût capable d'user d'autres arguments pour retenir Kai-Fu Lee.

L'exemple de Google est évidemment le plus significatif mais il y a une quantité très importante de start-up dans la Silicon Valley qui créent un nouveau modèle, un paradigme qui place peu à peu Microsoft sur la défensive. Pour autant, je suis persuadé que la firme de Redmond a les capacités de rebondir, mais probablement pas avec les dirigeants actuels car cela implique, plus qu'un changement radical de cap, une véritable révolution culturelle. Le modèle qui a fonctionné, avec le succès que l'on sait, dans les années quatre-vingt et quatre-vingt-dix n'est probablement pas celui qui triomphera au vingt-et-unième siècle. Je suis d'ailleurs quasiment certain que c'est cette analyse qui a décidé Bill Gates à se retirer progressivement des affaires « directes » de Microsoft pour se consacrer, à temps complet, à ses œuvres caritatives. Et c'est aussi à mon avis le signe qu'il n'y croit plus vraiment lui-même, même si l'annonce de son retrait, le 15 juin 2006, a été marquée par un discours de soutien à l'égard des dirigeants actuels, en soulignant les réalisations financières de la société. Mais pouvait-il agir autrement ? Il est donc prévu qu'il abandonne toutes ses fonctions opérationnelles en juillet 2008. Il est utile de rappeler ici que ce retrait s'est effectué en deux temps, d'une certaine manière, puisque dès l'année 2000, après les démêlés judiciaires de Microsoft, il avait abandonné ses fonctions de CEO, au profit de Steve Ballmer, agissant alors avec un certain panache en assumant l'essentiel des responsabilités dans cette affaire. Néanmoins, il restait depuis lors Président du Conseil d'Administration et *Chief Software Architect*, c'est-à-dire architecte en chef des logiciels, charge qu'il a depuis confiée à Ray Ozzie. Était-il dès lors nécessaire de donner un tour si solennel à ce nouveau retrait, d'autant plus qu'il demeurera Président du Conseil d'Administration de Microsoft, à moins que cela ne reflète une perte de confiance en l'avenir de la compagnie ?

Je dois dire, qu'à titre purement personnel, cette annonce a facilité ma décision de quitter la société, deux semaines à peine plus tard, même si, bien entendu, elle n'en est pas la cause première et que ce timing relève en partie du hasard. Mais encore une fois, la compagnie Microsoft peut-elle continuer à exister sans Bill Gates ? Rarement une société a été à ce point personnifiée par son créateur et patron. Et chacun sait bien, dans le monde des affaires, que le véritable pouvoir, au sein d'une entreprise, est le pouvoir financier, celui que confèrent les actions que l'on détient et ce pouvoir-là, Bill Gates n'est pas près de l'abandonner ! En outre, et quelle que soient par ailleurs les qualités de Steve Ballmer qui assure désormais les fonctions de PDG, chacun sait bien chez Microsoft, et Steve lui-même n'en a jamais fait mystère, qu'il ne possède aucune compétence technologique solide, même si Bill Gates lui a publiquement réaffirmé son soutien, demandant aux employés de la compagnie de le soutenir. Et, si l'on considère par ailleurs les critères d'évaluation en vigueur dans le monde de l'entreprise, et chez Microsoft en particulier – j'aurai l'occasion d'y revenir plus en détail ultérieurement – exclusivement fondés sur la performance et, dans le cas des dirigeants, ceux que l'on nomme « *Senior Executives* », plus spécifiquement la performance financière de l'action sur le marché, il y a tout lieu de s'interroger. En effet, depuis l'année 2000 qui marque la prise de pouvoir de Steve Ballmer, l'action Microsoft a littéralement fait du surplace sur les marchés financiers. Sur quels critères Steve Ballmer est-il donc évalué se demandent légitimement, non seulement les salariés de Microsoft mais le monde de l'entreprise et de la finance ? Non qu'il soit aisé pour un dirigeant d'assurer la croissance de la valeur de l'action de sa société, bien sûr. Mais certains, sans démériter, ont payé le prix des piètres résultats de l'entreprise qu'ils dirigeaient, comme a pu récemment le vérifier à ses dépens Carly Fiorina, l'emblématique et très médiatique PDG de Hewlett-Packard dont l'action ne se comportait pas de manière satisfaisante sur le marché financier, alors même que beaucoup d'analystes s'accordaient à souligner qu'elle avait abattu un travail remarquable.

Il est par ailleurs incontestable que pour beaucoup de salariés de Microsoft, Bill Gates constituait, par son aura intellectuelle et technologique, même si elle frisait parfois la paranoïa – mais n'est-ce pas Andy Grove, l'ancien patron d'Intel, qui disait que seuls les paranoïaques survivent – une source de motivation proprement incroyable, créant au sein de la compagnie une atmosphère extrêmement positive, au point que Microsoft pouvait se targuer d'être probablement l'une des sociétés connaissant le moins de départs volontaires. Et je suis persuadé qu'il fallait voir dans cet état d'esprit et cette fidélité, un « effet Bill Gates », tant la passion, la persévérance, la quête de l'excellence qui l'animaient étaient communicatives et donnaient aux salariés de Microsoft l'opportunité de s'épanouir, individuellement comme professionnellement, sans même parler des avantages financiers sur lesquels je reviendrai dans un prochain chapitre. Nous étions véritablement obsédés, possédés par la réalisation des projets. Le simple fait de se dire « quand nous aurons achevé la mise au point de ce produit, il va être diffusé à travers le monde et des centaines de millions de personnes vont l'utiliser » était à proprement parler magique. Et quand nous obtenions des *feedbacks* des utilisateurs, des consommateurs, cela nous emplissait de joie et de fierté, tout en nous permettant de nous améliorer, de progresser sans cesse. Il y avait dans tout cela quelque chose de vraiment excitant, extraordinaire. J'en parle au passé car je ne pense pas que ces ingrédients-là soient encore réunis aujourd'hui, les salariés de Microsoft étant de moins en moins convaincus par la pertinence des choix de leurs dirigeants. J'aurais tendance à caractériser cette évolution en disant que Microsoft est devenue ce que j'appellerai une « marketing company », c'est-à-dire une compagnie entièrement dédiée au marketing, plus occupée à concevoir des stratégies de vente (par ailleurs discutables) qu'à imaginer et fabriquer des produits de qualité. Tout se passe aujourd'hui comme si le développement des nouveaux produits passait au second plan.

Pour tenter d'illustrer ce qui a changé depuis le retrait progressif de Bill Gates, je citerai ce qui reste probablement mon plus beau souvenir, ma plus belle aventure chez Microsoft sous sa direction. Il s'agit du lancement de Windows 2000. Quoi que l'on en pense, c'est un produit qui a été tout de même conçu et réalisé par cinq mille ingénieurs disposant d'un budget d'un milliard de dollars ! Il n'y avait probablement qu'un Bill Gates pour être capable de regrouper, fédérer, motiver cinq mille talents pour travailler sur un projet de cette ampleur. Et ce n'est pas exagéré de comparer cela au programme qui a conduit à faire marcher l'homme sur la Lune ! Il a fallu cinq longues années pour le mener à bien, cinq années pendant lesquelles cinq mille personnes sont allées au bout d'elles-mêmes. C'était véritablement un grand moment dans l'histoire de la technologie, et ce moment exceptionnel, historique, c'est à Bill Gates qu'on le doit. Je ne crois pas qu'une telle aventure soit aujourd'hui possible, ni même seulement envisageable chez Microsoft.

Jacques N. Bonjawo
Senior Program Manager
US-MSN PST
jacquesb@microsoft.com

Microsoft Corporation
One Microsoft Way
Redmond, WA 98052-6399

Tel (425) 705-2784
Fax (425) 936-7329
http://www.msn.com
http://www.microsoft.com

Microsoft

Microsoft Corporation
One Microsoft Way
Redmond, WA 98052-6399

Tel (425) 705-2784
Fax (425) 706-7329

Microsoft

Jacques N. Bonjawo
Program Manager
MSN.com/iDSS
jacquesb@microsoft.com

La gestion des ressources humaines chez Microsoft

Si Microsoft est, à n'en pas douter et malgré les réserves que j'ai évoquées plus haut quant à son évolution, une compagnie singulière, s'il existe indéniablement une « culture Microsoft », les techniques de gestion des ressources humaines n'y sont évidemment pas étrangères. Je vais donc consacrer quelques instants à détailler les deux temps forts que constituent, d'une part la procédure de recrutement, et d'autre part, l'évaluation des salariés, avec les conséquences que cela implique quant au mode de fonctionnement de la société.

Le Recrutement chez Microsoft

Microsoft excelle dans les techniques de recrutement. Le travail effectué en amont de l'embauche proprement dite est tout à fait remarquable, la compagnie possédant au plus haut point la capacité de détecter les meilleurs talents dans l'industrie, de les attirer et de les retenir. Chez Microsoft, on sait incontestablement se donner les moyens de recruter les meilleurs éléments.

Pour illustrer mon propos, et en toute modestie, bien sûr, je vais rapporter la manière dont s'est déroulé mon propre recrutement. Après le contact informel narré plus haut et l'échange de coordonnées, je suis invité quelque temps plus tard au siège social de Redmond. Représentant, j'imagine, une cible potentielle suffisamment intéressante, je suis immédiatement l'objet de toutes les attentions et installé dans un hôtel très confortable de Redmond, tout près du campus Microsoft. Dans un premier temps, j'ai droit à une visite guidée en règle de la ville de Seattle dont les attraits touristiques me sont présentés, détaillés même avec complaisance. Ainsi par exemple, la possibilité d'effectuer des croisières en bateau ou encore la proximité de la montagne. On peut assimiler cette démarche à une sorte d'opération séduction. Vous arrivez d'un autre état, vous avez a priori des chances assez sérieuses d'être recruté chez Microsoft puisqu'on a pris la peine de vous faire venir de loin et de vous traiter royalement, il est donc important de vous motiver, de vous donner envie de rester en insistant sur la qualité de vie à Seattle.

Arrive ensuite le jour de l'entretien. On me fait savoir d'emblée que je vais faire une série de rencontres. Combien ? Cela dépendra de l'évolution des choses et de la disponibilité des managers. Pour le novice que je suis alors, les subtilités de cette procédure sont quelque peu mystérieuses et difficilement compréhensibles. Ce côté informel, presqu'improvisé – du moins en apparence – a de quoi surprendre. Bien évidemment, le scénario est parfaitement rôdé mais le nouvel arrivant n'en a pas vraiment conscience. Je débute donc les entretiens très tôt le matin et rencontre successivement plusieurs personnes. Au total, j'en verrai une bonne dizaine au cours de cette journée ce qui constituait déjà en soi un signe favorable. Ce que je ne sais pas en revanche mais qui n'est pas le fruit du hasard, c'est que l'homme que je rencontre autour de midi et avec qui je déjeune, est celui qui est supposé être mon manager au cas où je serais effectivement recruté. J'insiste une fois encore sur ma totale ignorance de toute cette mise en scène. Je crois d'ailleurs que, paradoxalement, cette relative naïveté a constitué un avantage pour moi, me permettant de rester naturel sans éprouver de stress particulier. Il faut dire que, contrairement à beaucoup de gens qui rêvent d'entrer chez Microsoft et étudient en détail le processus d'interview en vigueur à Redmond – il existe toute une littérature sur le sujet – mon arrivée est pour le moins fortuite au point que je suis relativement décontracté. En outre, il n'y a pas véritablement d'enjeu même si la perspective d'être embauché chez Microsoft est évidemment séduisante. Je suis tout à fait satisfait de mon emploi de chef de projet chez PricewaterhouseCoopers en Virginie. Voilà donc dans quel état d'esprit j'aborde cette longue et intense série d'interviews.

Quant au contenu des interviews proprement dites, il s'agit naturellement pour les interviewers, au moins dans un premier temps, de poser au candidat des questions complexes, très souvent à caractère scientifique. Ainsi, par exemple, pour rester dans le très classique, on vous donne un code, un programme d'ordinateur dont l'efficacité laisse à désirer et on vous demande de quelle manière vous pourriez le transformer pour le rendre plus efficace. Ou bien on vous présente un programme qui est trop long, à charge pour vous de le rendre beaucoup plus concis, moins rébarbatif, sans pour autant en sacrifier l'efficacité. C'est ce que l'on appelle passer d'un

« spaghettis code » à un « tight code ». La durée moyenne d'un entretien, même si elle est variable d'un interviewer à l'autre, peut être estimée à une trentaine de minutes. Certains se déroulent devant un ordinateur évidemment, d'autres devant un simple tableau noir. Il faut toutefois reconnaître que les problèmes d'ordre purement techniques ne constituent pas en eux-mêmes un critère déterminant de recrutement, dans la mesure où on peut raisonnablement penser que tout candidat, tout postulant est capable de les résoudre sans trop de difficulté. Ils ne sont qu'un préalable, sinon un prétexte.

Non, ce qui va vraiment faire la différence entre les candidats, ce qui va décider du recrutement, c'est justement tout ce qui n'est pas lié à des compétences purement techniques. Et c'est là qu'entrent en jeu des questions en apparence toute simples ou des questions de type « open-ended » comme on dit, c'est-à-dire des questions dont les réponses ne sont pas nécessairement prédéterminées. Le candidat peut prendre autant de temps qu'il le désire pour y répondre. Il y a aussi ce qu'on appelle les « follow up questions », c'est-à-dire que l'interviewer « rebondit » sur la réponse donnée et continue sur cette lancée, enchaînant alors les questions et c'est ce processus, cette dynamique qui vont vraiment déterminer l'avenir du postulant chez Microsoft. Il n'y a évidemment pas de mauvaise réponse ou de réponse sans intérêt. Ce qui importe, c'est la cohérence de la pensée, du raisonnement, de l'argumentation. C'est cela que cherche à détecter avant tout la dynamique de l'interview. Par exemple, je me souviens très bien que l'on m'a demandé pourquoi j'étais ici, qu'est-ce qui me poussait à rejoindre Microsoft alors que j'avais déjà un emploi stable dont j'étais apparemment satisfait. J'aurais pu répondre, de manière il est vrai un peu prévisible et vague, que j'étais là pour voir si nous avions des valeurs communes qui me permettraient d'envisager de travailler ensemble. J'ai préféré expliquer que la raison première de ma présence à cette série d'entretiens était ma volonté d'explorer les possibilités qui s'offraient à moi de travailler avec Microsoft, ajoutant qu'au surplus je n'ignorais pas que la compagnie connaissait des difficultés comme les médias s'en étaient largement fait l'écho – c'était l'époque du procès anti-trust, le « procès du siècle » – et qu'elle avait besoin de forces nouvelles pour innover et lutter efficacement contre une concurrence qui s'était déplacée vers d'autres terrains, plus difficilement contrôlables, notamment dans le domaine de l'Internet où Netscape avait pris beaucoup d'avance, ou celui du langage de programmation avec le succès de Java produit par Sun Microsystems.

Or, il se trouvait que ces domaines étaient précisément ceux qui me passionnaient et dans lesquels je disposais d'une certaine connaissance, et même d'un certain savoir. Il m'apparaissait donc important de voir s'il était possible que nous puissions trouver des synergies et collaborer afin de permettre à Microsoft de se réinventer à nouveau, comme elle avait su le faire par le passé. J'ajoutai que les échanges que je venais d'avoir jusqu'alors avec mes différents interlocuteurs me confortaient dans la conviction que cela était possible. Il pouvait apparaître présomptueux de ma part de me poser ainsi en quelque sorte en « sauveur » de Microsoft. Disons qu'il s'agissait plutôt d'une stratégie délibérée. Le message que je souhaitais faire passer était le suivant : je n'étais pas à la recherche du « job security » (sécurité de l'emploi) puisque j'avais déjà un emploi, mais d'un challenge avec les risques que cela comportait en cas d'échec. D'où la question suivante, de type « follow-up » : pourquoi voulais-je quitter une entreprise où, selon toute évidence, je me sentais très bien, pour rejoindre une compagnie en difficulté, l'hypothèse masochiste étant a priori exclue ? Bien entendu, mon interlocuteur avait déjà saisi mon message mais je lui répétai que je ne recherchais pas la sécurité de l'emploi mais de nouveaux défis, pour peu qu'ils soient d'une certaine importance. J'allai jusqu'à ajouter que la perspective de compter plus tard au nombre de ceux qui avaient sauvé Microsoft constituait une incroyable source de satisfaction et une motivation largement suffisante pour justifier ma démarche.

Je crois, en toute modestie, que mes interlocuteurs ont été séduits par ma dialectique. Les entretiens se sont donc poursuivis sur cette lancée. Une chose que j'ai découverte plus tard, lorsque j'ai eu à participer moi-même, en qualité d'interviewer, à l'audition de postulants, c'est qu'on s'active en coulisse pendant ce temps. En effet, avant que le candidat ne rejoigne son prochain interlocuteur, celui-ci (ou celle-ci) a déjà reçu des instructions par e-mail pour continuer à explorer et approfondir le même sujet ou, au contraire, aborder d'autres questions. Il y a donc une véritable complicité entre les interviewers dont le postulant n'a pas du tout conscience. En dehors des entretiens en tête-à-tête proprement dits, on a également affaire à un ou deux panels, c'est-à-dire deux ou trois personnes qui vous interviewent à la fois dans la même salle. J'avoue avoir beaucoup apprécié cette technique, très satisfaisante en termes d'échanges en ce qu'elle se rapproche davantage d'une équipe et qu'il est plus facile, dans ce cadre, de mettre en valeur ses qualités d'intégration, d'adaptation, celles que requiert le travail d'équipe, justement.

Et les interviews continuent ainsi tout au long de la journée, sans relâche. Une digression, ici. Il m'est arrivé, une fois embauché à Microsoft, de parcourir des manuels censés donner les clés des entretiens de recrutement chez Microsoft et fournir aux candidats toutes les chances de se faire embaucher. Je dois dire qu'aucun de ces manuels ne reflète vraiment, à mon sens, la réalité et surtout l'esprit de ces interviews. Bien sûr, ils s'attardent volontiers sur les questions techniques qu'ils détaillent à loisir, mais, encore une fois, cette phase-là du recrutement est presque secondaire. Il est vrai qu'il est beaucoup plus aisé de préparer un candidat à affronter des problèmes très concrets qu'à répondre à des questions dont la caractéristique est justement d'être imprévisibles, les interviewers étant très libres et s'autorisant fréquemment des questions sans aucun rapport apparent avec l'emploi postulé. Je me souviens d'un jeune homme à qui l'on a demandé pourquoi il avait choisi d'être pompier. La plupart des gens auraient probablement été gênés de reconnaître que c'était en raison d'un manque de qualification pour pouvoir prétendre, par exemple, à un job dans le domaine technologique. Pourtant, en toute honnêteté, ce jeune homme a simplement admis la vérité, et cette vérité l'a aidé. Il avait d'abord été pompier car il n'avait pas, alors, les compétences techniques nécessaires pour entrer à Microsoft. Il a travaillé ensuite pour y parvenir. Sans oublier de préciser que, dans son activité de pompier, il avait appris beaucoup de choses, acquis des qualités qui pouvaient lui être utiles chez Microsoft et du même coup bénéficier à la compagnie. Ce genre de discours est toujours très apprécié car il est la preuve à la fois d'une honnêteté intellectuelle et d'une réelle ouverture d'esprit tout en témoignant de l'opiniâtreté d'un homme qui s'est donné les moyens de parvenir là où il le voulait, sans dénigrer pour autant ce qu'avaient pu lui apporter ses expériences antérieures.

À l'issue de cette série d'entretiens, voire de cette journée d'entretiens, la décision de recrutement est collégiale. En théorie, le manager qui recrute, celui dont l'équipe a un poste à pourvoir est libre de recruter qui il veut et de choisir, parmi les candidats, celui qui lui convient. Cependant, si la majorité des interviewers exprime un choix différent, le manager s'y soumet généralement. On peut considérer que la majorité court-circuite, « overrule » la décision du manager même si, encore une fois, il ne s'agit pas d'une règle écrite mais, en quelque sorte d'un droit de veto virtuel. Il me revient en mémoire un exemple concret d'une telle situation. Nous avions interviewé, un jour, une série de candidats en compétition pour le même poste. La plupart des gens de mon équipe estimaient que c'était le candidat A qui devait l'emporter. J'étais personnellement d'un avis différent, opinion que partageait le manager qui recrutait. Pour nous deux, le candidat B était supérieur ou en tout cas préférable. La raison fondamentale de notre choix était que, malgré son manque d'expérience, ce très jeune candidat était animé d'une telle passion pour le travail qu'il était évident qu'il allait faire tout ce qu'il fallait pour réussir à Microsoft. Pour nos autres collègues cependant, ce n'était pas le bon candidat car, même s'ils reconnaissaient ses qualités, ils estimaient que sa courbe d'apprentissage serait très longue, comme on dit dans le jargon « learning curve very steep », c'est-à-dire très escarpée et que c'était quelque chose qui posait problème. Certes, c'était un garçon très intéressant, passionné, doté d'une personnalité attachante, mais la préférence devait être donnée à quelqu'un qui puisse être plus ou moins immédiatement opérationnel. Finalement, contre son propre choix, le manager ne l'a donc pas recruté. Cette anecdote est tout à fait significative de l'esprit qui règne à Microsoft où une certaine forme de démocratie est de mise. Chacun accepte les règles du jeu. Autre détail amusant et moins anecdotique qu'il n'y paraît, et qui va dans le même sens, je peux affirmer qu'il est rigoureusement impossible à un candidat de déterminer le rang hiérarchique de son interviewer tant l'apparence extérieure est mensongère. Le manager est parfois habillé de façon plus décontractée que ses subalternes. Il peut aussi être celui qui se montre le plus réservé dans son attitude. Tous ces petits détails, anodins en apparence, contribuent à l'esprit d'équipe qui prévaut à Microsoft, les barrières hiérarchiques n'existant pas véritablement. Faire le choix de rejoindre Microsoft, en dehors du prestige technologique dont jouit la compagnie, c'est accepter de rejoindre cet univers singulier, doté de ses propres codes, ses règles de fonctionnement pour la plupart non écrites.

Un autre trait caractéristique de la gestion du personnel réside dans les procédures d'évaluation.

Pour Contribution à l'Histoire de Microsoft, 2003.

L'Évaluation du personnel chez Microsoft

On serait tenté de penser que les procédures de notation ou d'évaluation du personnel sont au cœur du fonctionnement de toutes les entreprises d'une certaine importance et obéissent peu ou prou aux mêmes règles. Et d'ailleurs, un certain nombre de grandes compagnies, telles que General Electric par exemple, pratiquent le « *stack ranking* », c'est-à-dire cette forme particulière d'évaluation à laquelle nous allons nous intéresser, avec un certain succès. Je crois pourtant pouvoir affirmer qu'elle revêt chez Microsoft un caractère relativement particulier dans la mesure où la société, et c'est là sa force mais aussi probablement son tendon d'Achille, est tout entière bâtie autour d'une philosophie non seulement de l'excellence – ce qui après tout est bien naturel – mais également de la compétition la plus impitoyable. Bien sûr, les arguments avancés sont sensiblement différents. On nous explique généralement que l'évaluation a pour but d'encourager les meilleurs éléments tout en essayant de venir en aide à ceux qui sont à la traîne pour leur permettre de rattraper leur retard ou... d'aller voir ailleurs s'il est démontré qu'ils ne peuvent se fondre dans le système Microsoft.

Quand on parle d'évaluation, il s'agit de bien s'entendre sur les termes et le contenu. Et la procédure en vigueur est, à cet égard, parfaitement rodée et difficilement critiquable dans son principe. En effet, chaque employé est prié, d'entrée de jeu, de définir ses objectifs, avec l'aide de son manager bien entendu. Si les objectifs définis par le salarié ne sont pas assez ambitieux, le manager ne manquera pas de le lui faire savoir. Pour autant, il bénéficie d'une certaine autonomie et c'est là que réside le génie du système.

Il est en effet déterminant que l'employé n'ait pas le sentiment qu'on lui a imposé quelque chose dont il pourrait contester ensuite la validité ou la légitimité. Et par conséquent, au terme de ce processus de définition des objectifs, c'est une forme de pacte, d'engagement solennel que signe le salarié. Il annonce en quelque sorte : « voici les objectifs que j'entends atteindre, que je pense être capable de réaliser en travaillant dur », si bien qu'il accepte d'emblée tacitement les règles du jeu. Mieux même, c'est lui en quelque sorte qui les fixe ! Bien entendu, en plus d'être ambitieux, les dits objectifs se doivent d'être concrets, mesurables, quantifiables pour que le système puisse fonctionner.

Par exemple, quelqu'un qui opère au sein du service marketing devra annoncer des objectifs chiffrés très précis dont la réalisation puisse être vérifiable sans contestation possible. Le principe est le même dans les départements techniques même si c'est parfois un peu plus délicat à formuler. Ces exigences, quant au caractère concret et mesurable des objectifs auto-assignés par le salarié, lui profitent d'ailleurs tout autant qu'à la compagnie. En effet, dans la mesure où toute appréciation subjective est a priori écartée, il n'y a pas de place pour des appréciations ou des interprétations différentes ou contradictoires.

Une fois les objectifs parfaitement définis, le salarié va rencontrer son manager de façon hebdomadaire, dans le cadre de séances dites « one on one », c'est-à-dire en tête à tête. Normalement, il est prévu que cette rencontre se passe dans le bureau du manager. Pourtant, très souvent chez Microsoft, celui-ci met un point d'honneur à se déplacer dans le bureau de son subordonné, pour le mettre à l'aise, créer une ambiance moins intimidante, donner à la rencontre un côté plus informel. Des rencontres de ce type, il y en aura donc une cinquantaine dans l'année.

L'objectif de ces entretiens très fréquents est de pouvoir apporter de l'aide à l'employé qui en manifesterait le besoin. Dans la pratique, ces « meetings » hebdomadaires sont souvent très brefs même s'ils sont censés durer trente minutes. Il n'est pas rare qu'ils soient réduits à dix ou quinze minutes s'il n'y a pas grand-chose à dire. Les questions rituelles du manager sont toujours les mêmes : « Comment vont les choses ? Rencontrez-vous des difficultés ? Avez-vous besoin d'aide ? » Si les réponses sont satisfaisantes et laissent apparaître que tout va bien, l'entretien peut durer cinq minutes. Cela étant, l'employé valide du même coup qu'il ou elle n'a pas besoin d'aide pour atteindre les objectifs qu'il s'est fixé, sur lesquels il s'est engagé et que, partant, il sera d'autant plus responsable de son sort si l'on peut dire.

Ces rencontres hebdomadaires constituent donc la règle. Néanmoins, les deux parties peuvent convenir de ne se voir qu'une fois tous les quinze jours par exemple. Mais les rencontres hebdomadaires sont tout de même le cas le plus fréquent, même si elles sont généralement très brèves, pour répondre à leur raison d'être qui est en dernière analyse d'aider le salarié à mieux accomplir son travail.

Beaucoup plus formels en revanche sont les deux rendez-vous d'évaluation annuels qui ont lieu en février et en août. Le premier, en février par conséquent, fournit une évaluation intermédiaire tandis que celui du mois d'août – l'année Microsoft s'arrête en août – débouche sur des décisions concrètes en terme de rémunération, de promotion... ou de rétrogradation. Concrètement, on remet au salarié un formulaire électronique très dense dans lequel sont listés tous ses objectifs, le volume d'informations traité étant un peu moins lourd en février qu'au mois d'août.

À charge pour lui de compléter le formulaire en indiquant tous les projets sur lesquels il a travaillé. Une fois cette tâche accomplie, il lui revient alors la délicate et périlleuse mission de s'accorder une note, d'évaluer la qualité de son travail au regard des objectifs annoncés. Étant entendu que le manager effectue la même opération de son côté. Ce n'est qu'une fois que chacun des deux en a terminé qu'ils se rencontrent pour en discuter et chercher éventuellement à concilier les différences d'appréciation qui existent inévitablement. Le génie de cette formule est toutefois, qu'à de rares exceptions près, les notes attribuées par le salarié et son manager sont très proches. Il arrive même assez fréquemment que l'employé se montre plus sévère à l'égard de sa performance que son manager. Ceci s'explique aisément.

Lorsqu'un employé prend connaissance de tous les éléments requis pour atteindre la note « très bien », il est généralement effrayé, écœuré presque, tant cela lui semble inaccessible. Au point qu'il ne pense pas mériter cette note « très bien », même s'il a effectué un excellent travail. Il se contentera donc d'un « bien ». Pourtant, lorsque vient le moment de rencontrer son manager, celui-ci peut tout à fait lui décerner ce « très bien », estimant qu'il a réellement accompli un travail remarquable.

On peut donc considérer qu'il existe une forme d'autocensure, de tendance naturelle à se sous-évaluer. Bien entendu, la situation inverse peut aussi se rencontrer et c'est alors beaucoup plus délicat. Si le désaccord est minime, une discussion franche permet généralement d'en venir à bout assez facilement. Le salarié peut se dire qu'il s'efforcera de mieux faire la prochaine fois. Si en revanche les deux points de vue s'avèrent inconciliables, il est prévu que l'employé puisse en appeler à la voie hiérarchique et solliciter l'arbitrage du manager de son manager. Ce cas de figure reste néanmoins tout à fait exceptionnel tant le système est conçu pour être acceptable et laisser peu de place à la frustration ou pire, à la rancœur.

Les résultats palpables de cette évaluation vont se manifester alors sous la forme d'une éventuelle augmentation de salaire ou d'une promotion, mais surtout par la distribution des fameuses stock-options. Une parenthèse ici. On peut se montrer très critique sur la procédure de distribution des stocks options, et je ne manquerai d'en souligner les incohérences, mais force est de constater que Microsoft est une des très rares sociétés à distribuer (ou du moins avoir distribué, nous y reviendrons) des stocks options à l'ensemble de son personnel et pas uniquement au senior management.

Les *stock-options*, donc, sont des bons d'achat d'actions, affectés d'une valeur initiale, qui permettent à leur détenteur d'acquérir les actions à ce prix-là. L'intérêt du système résidant dans le fait que, lorsque le cours de l'action va grimper – et c'est supposé être le cas, bien sûr, c'est même la raison d'être des stock-options – et quelle que soit la valeur qu'il atteindra, le salarié pourra toujours acquérir l'action à son cours initial, la revendre et empocher une plus-value confortable. Si bien que dans le cas de l'action Microsoft des années dorées, un salarié qui détenait un nombre important d'actions était potentiellement millionnaire ou multimillionnaire ! À l'heure actuelle, un certain nombre de salariés de Microsoft qui ont vécu cette période faste sont dans cette situation. Une étude avait d'ailleurs estimé, en 1999, qu'ils représentaient 30% des « *microsofties* » résidant sur le campus de Redmond, chiffre plutôt impressionnant !

Quoiqu'il en soit, une fois évalué, l'employé reçoit donc un certain nombre de stock-options censées représenter sa performance, sa valeur. Mais là où le système affiche à mon sens ses limites, c'est que tout ceci se déroule dans le plus grand secret, en tout cas sans la moindre transparence, en ce sens que chacun ne connaît que ce qui lui est attribué personnellement. Il lui est non seulement impossible de savoir – sauf à le leur demander, bien sûr, mais c'est pour le moins délicat – ce que ses collègues de la même équipe ont obtenu, mais aussi, et c'est sans doute là le plus problématique, ce dont son équipe, dans sa globalité, a bénéficié.

En effet, les *stock options* sont allouées à l'équipe sous forme de « block ». Plus précisément, le vice-président d'un département va recevoir un gros bloc de stock-options qu'il va ensuite distribuer à toutes les équipes qui font partie de son département. Pire encore, il est courant qu'un vice-président ne connaisse pas le nombre de *stock options* qu'ont reçu les autres départements. La seule chose admise et connue étant que, dans une compagnie comme Microsoft qui conçoit et développe des logiciels avant de les commercialiser, les « *product departments* » sont mieux lotis en terme de stock-options que les « *marketing departments* ». C'est un peu mince.

Toujours est-il que, pour contestable et peu « fair » qu'il soit, ce système a longtemps plutôt bien fonctionné, c'est-à-dire tant que l'action Microsoft s'envolait régulièrement sur les marchés financiers. Après tout, quelqu'un qui, grâce à ce système, s'était enrichi au-delà de ce qu'il aurait pu envisager en travaillant pour une autre entreprise aurait eu mauvaise grâce à se plaindre. L'euphorie qui régnait alors compensait, masquait même les carences du système. Les choses ont commencé à changer dès lors que le cours du titre Microsoft s'est mis à faire du surplace.

Mais pour en revenir un instant à l'évaluation proprement dite et quelles que soient les qualités que l'on peut par ailleurs reconnaître au système, ce qui est à mon sens hautement critiquable, c'est cette tendance qui prévaut chez Microsoft à « forcer la distribution », si j'ose dire. En effet, une fois que vous avez obtenu vos notes, votre score, on va comparer votre performance à celles des autres membres du groupe. Pourquoi pas en effet, cela peut se concevoir. Ce qui est plus contestable en revanche, c'est qu'on ne s'en tient pas là puisque l'on compare ensuite les résultats de votre groupe à ceux d'un autre groupe au sein de Microsoft. Et là, les choses deviennent sensiblement plus complexes dans la mesure où se pose dès lors un problème d'objectivité difficilement résoluble. Pourquoi ?

Parce que, quand bien même vous auriez atteint vos objectifs, respecté le contrat passé avec vous-même et avec la compagnie, on peut considérer que vous n'avez pas pour autant bien travaillé si l'on compare vos résultats à ceux de véritables « stars » de Microsoft. Ce qui fausse passablement la donne, ne serait-ce qu'en termes de gratification financière. Ainsi, le salarié qui obtient une note qui, a priori, peut sembler très bonne, peut toujours s'entendre dire que sa performance est insuffisante. Les employés sont en effet classés les uns par rapport aux autres de telle manière qu'il y ait toujours un certain pourcentage, prédéterminé, qui se retrouve de part et d'autre de la courbe de distribution, la courbe de Bell.

On décide ainsi de manière parfaitement arbitraire que les 10% des employés qui sont les meilleurs vont obtenir, systématiquement, la note maximale, vingt sur vingt, quelle que soit leur note initiale, tandis que les 10% qui se retrouvent du mauvais côté de la courbe se verront affecter une note qui sera moins que passable, qu'elle qu'ait été la note réellement obtenue lors de l'évaluation, ce qui est lourd de conséquences. Tout responsable d'équipe est naturellement tenté de se séparer des éléments qui appartiennent à ces 10%, alors même qu'il est supposé les aider à surmonter leurs difficultés et se mettre à niveau. Et, étant admis qu'aucun autre groupe de la compagnie ne sera disposé à accueillir ces éléments réputés moins performants, il sera tentant de leur indiquer le chemin de la sortie.

La procédure s'enclenche généralement de la manière suivante : dans un premier temps, le salarié réputé « moyen » va recevoir ce que l'on pourrait appeler un avertissement amical sous la forme d'un entretien avec son manager, entretien au cours duquel celui-ci va lui demander ce dont il a besoin, en quoi lui, son manager pourrait l'aider à atteindre ses objectifs. Par la suite, si cette mauvaise performance, ou en tout cas cette performance insuffisante au regard du haut niveau d'exigence de la compagnie se répète, il sera temps de suggérer au salarié, de manière courtoise mais dépourvue d'ambiguïté, que ses qualités trouveraient sans doute mieux à s'épanouir ailleurs, manière élégante de lui montrer la porte. Et dans un cas comme celui-ci, la pression exercée sur le salarié est tellement forte qu'il comprend rapidement qu'il est dans son intérêt de démissionner « de son plein gré ».

Quand je parle de pression, il s'agit le plus souvent d'obligations de remise à niveau dans un certain nombre de domaines pour rattraper tout ce qui n'a pas été effectué dans les temps, en plus, bien entendu, des objectifs courants qui restent les mêmes et qui constituent déjà à eux seuls un challenge très difficile. Autant dire que c'est mission impossible. L'expérience prouve d'ailleurs que, passé le premier semestre qui suit l'arrivée du salarié chez Microsoft ou, à la rigueur, la première année – car la courbe d'apprentissage du processus de développement du logiciel chez Microsoft, et surtout de la « culture d'entreprise » est assez longue –, celui qui se retrouve en difficulté ne parvient que très exceptionnellement à remonter la pente. Pour en revenir à la première année, elle est d'ailleurs tellement particulière et difficile qu'il est quasiment impossible de figurer honorablement et qu'il est de notoriété publique qu'après vous avoir observé pendant deux ou trois semaines, votre manager sait à peu près à quoi s'en tenir sur votre compte et vous gratifie systématiquement d'une note moyenne.

Comme on voit, la philosophie de Microsoft consiste à lier la performance de chacun à celle des autres employés de la compagnie, ou, plus exactement, à mesurer les résultats de chaque salarié à l'aune de ceux de ses pairs. La justification est la suivante : Microsoft est une entreprise qui tend à recruter les meilleurs, sans cesse, et il n'y a donc aucune raison pour que, quand bien même vous auriez bien travaillé, si quelqu'un d'autre à consacré moins de temps que vous à produire un travail équivalent, il ne soit pas mieux traité. Imparable en effet mais relativement pervers car, à vouloir poursuivre sans relâche l'excellence en motivant les salariés à faire toujours plus, on prend le risque de frustrer et décourager des éléments de valeur.

Faut-il y voir un lien avec le fait que l'octroi des rémunérations, des gratifications, des stocks options pour être plus concret, se soit toujours déroulé dans le plus grand secret ? Ce que l'on peut affirmer, en tout cas, sans courir le risque de se tromper, c'est que deux employés dotés apparemment du même potentiel pourront présenter un écart considérable de rémunération. C'est d'ailleurs bien souvent le cas dans la pratique. Mieux encore, un simple développeur au sein d'un groupe pourra être bien mieux « récompensé » qu'un manager dans un autre groupe. Je veux dire par là qu'il n'y a, chez Microsoft, aucune véritable corrélation entre votre statut et votre situation financière. Chaque situation est rigoureusement individuelle. L'aspect positif est qu'il n'est donc pas absolument nécessaire d'être manager pour être très bien rémunéré. Au point que certains, après s'être essayés au management, préfèrent finalement se consacrer à des tâches plus exécutives, comme par exemple l'architecture de logiciel à un niveau très élevé.

On a d'ailleurs, à leur intention, le titre de « *distinguished engineer* », ingénieur distingué ou « *Microsoft Fellow* ». C'est une manière de les... distinguer justement de la masse des ingénieurs anonymes, qu'ils soient reconnus comme de très brillants ingénieurs qui, simplement, ont renoncé de leur plein gré à faire du management, sans que ça n'influe sur leur rémunération. En ce sens, on peut dire que le système est suffisamment souple pour que chacun soit libre de choisir le type de carrière qui correspond à son tempérament ou à ses qualités.

L'évènement qui allait changer beaucoup de choses et mettre en lumière, comme je l'indiquais précédemment, les limites et les failles du système, c'est à la fois le krach – moins 40% en une seule journée ! – qui a suivi, en 1999, la décision de justice qui prévoyait le démantèlement de Microsoft en deux entités, et la stagnation du titre sur les marchés financiers depuis cette date. Si l'on ajoute que, dans le même temps, les projets réellement intéressants et d'une certaine ampleur commençaient à se faire moins nombreux, un certain nombre d'employés, et non des moindres, ont décidé d'aller voir ailleurs, privant du même coup la compagnie d'une expérience, d'une expertise technique et d'une passion, tout simplement, qui lui auraient pourtant été bien utiles pour relever les défis auxquels elle était confrontée et qu'elle tardait même à affronter.

Comment continuer en effet à motiver des gens qui, ayant tout donné à Microsoft et s'étant enrichi pendant de longues années, ne se voient plus proposer de projets de qualité qui soient de nature à leur donner l'envie de continuer ? Car le cœur du problème est là. Il réside tout entier, à mon sens, au-delà des vicissitudes boursières qui ne sont qu'un révélateur, dans l'évolution récente de Microsoft qui est passée progressivement du statut de compagnie innovante et à la pointe de la technologie à celui de ce que j'appelle une « marketing company », les projets de développement étant dictés uniquement par des impératifs commerciaux, par la loi du marché. Dès lors, ceux de ses plus brillants talents qui ont toujours eu une certaine idée du développement des logiciels ne se reconnaissent plus dans cette nouvelle orientation.

Pour en terminer avec l'évaluation, j'ajouterai que tous

les salariés de Microsoft, quel que soit leur niveau de responsabilité y sont soumis. Et qu'en outre, il est donné l'opportunité à chacun de se prononcer à son tour sur les qualités de son manager et de la politique de l'entreprise en général à travers un document annuel, dénommé « organization's health index ». Quant aux membres de la direction, ils sont censés être évalués par le conseil d'administration. Je dis bien censé dans la mesure où, comme j'ai eu l'occasion de le préciser antérieurement, la manière dont est évalué, par exemple, Steve Ballmer, le directeur général, eu égard à ses résultats, constitue pour beaucoup de microsofties une source de mystère.

Quant à Bill Gates, je dirais que c'est le marché qui l'évalue en quelque sorte. On peut donc légitimement affirmer que la chute de l'action en 1999 est une sanction à l'égard de la gestion des dirigeants de l'époque, au premier rang desquels figure bien sûr Bill Gates. En effet, s'ils n'avaient pas entraîné Microsoft dans un différend avec le département de la justice en se livrant à certaines pratiques – sans qu'il soit question ici de porter de jugement sur ces pratiques –, la compagnie n'en serait probablement pas là où elle est aujourd'hui.

***

Pour conclure ce chapitre, je dirais que, paradoxalement, ce système conçu autour de l'idée de productivité et de compétitivité s'avère, à terme, contre-productif car, induisant une perpétuelle course à l'excellence, il court le risque de générer, non plus l'émulation mais une compétition féroce, tout à fait incompatible avec la valeur du travail d'équipe que défend par ailleurs Microsoft. En réalité, il ne tient que grâce au secret qui entoure les gratifications accordées à chacun. Il est toujours possible d'affirmer à un salarié qu'il a vraiment fait de l'excellent travail puisqu'il ne dispose pas de point de comparaison avec ses collègues.

De la même manière, un employé qui, tout en ayant obtenu une note satisfaisante, s'entend dire qu'il serait souhaitable qu'il fît quelques efforts pour s'améliorer, peut toujours se dire que, puisque sa note n'est finalement pas si mauvaise que cela, il y en a certainement qui sont plus mauvais que lui (mais le génie du système réside dans ce qu'il n'y a jamais de mauvaise note). On peut même carrément parler de perversité lorsque l'on prend conscience que les seuls qui pourraient réellement se plaindre et critiquer ouvertement ce mode de fonctionnement, sont justement ceux qui, après avoir été reconnus comme les moins performants, quittent Microsoft. Et dès lors, évidemment, la compagnie a beau jeu de les dénigrer en mettant leurs critiques sur le compte de l'amertume et de la rancœur.

En outre, un employé qui rencontre des problèmes de productivité, selon les critères Microsoft, ne va pas se plaindre du système d'évaluation dans la mesure où ce serait admettre publiquement son manque de performance dont, en raison du secret que j'évoquais précédemment, seuls son manager et (éventuellement) le manager de son manager sont au courant. La machine est donc tout à fait bien rodée et le système parfaitement verrouillé.

Néanmoins, la technique d'évaluation telle qu'elle est

pratiquée chez Microsoft, en dépit de ses défauts, offre certainement plus de garanties pour un salarié, dans le contexte très libéral du droit du travail américain, qu'un système fondé sur des critères d'appréciation plus subjectifs. En effet, au nom de la flexibilité de l'emploi, le droit du travail en vigueur dans un grand nombre d'États est particulièrement « souple » et chaque salarié sait parfaitement, dès lors qu'il intègre une entreprise, qu'il est susceptible d'en être « débarqué » à peu près n'importe quand. Il signe d'ailleurs, dès son embauche, un document qui le lui indique sans la moindre ambiguïté.

C'est un élément de ce que l'on pourrait appeler une politique de « low expectations » : tout est fait pour que les attentes du salarié soient les plus basses possibles, ainsi, tout ce qui lui arrive de bon est perçu comme un bonus. La méthode Microsoft présente au moins l'avantage de proposer un historique des performances du salarié, même si on peut discuter de la méthode d'évaluation. Et il y a fort à parier qu'un individu très performant tirera toujours son épingle du jeu dans un tel système.

Sur un plan prospectif, je serais tenté de penser que ce mode de fonctionnement va devenir de moins en moins acceptable au fil du temps, ne serait-ce que parce que les gens ont compris, à travers le procès Microsoft, mais aussi les scandales financiers autour de sociétés comme Enron qui a entraîné dans sa chute Arthur Andersen, ou Worldcom, que les marchés financiers avaient quelque chose d'artificiel, factice même, au point qu'il va devenir très difficile de motiver les salariés au moyen de stock-options et qu'il va falloir explorer d'autres pistes pour rémunérer, encourager et surtout conserver un personnel de qualité. Il est d'ailleurs à noter que le système des stock-options n'existe plus en tant que tel chez Microsoft.

En 2003 en effet, après avoir annoncé qu'ils ne prendraient plus, à titre personnel, de stock-options, Bill Gates et Steve Ballmer les ont supprimées pour les remplacer par des actions véritables, ce qui, à première vue pourrait paraître intéressant mais demeure en réalité plus que jamais sujet à caution tant que le nombre d'actions obtenues par chacun sera tenu secret. En outre, donner des actions équivaut, peu ou prou, à une augmentation salariale effective. Il est donc difficile d'imaginer que le bonus ainsi obtenu multiplie le salaire du salarié par dix ou davantage encore comme cela était couramment le cas par le passé avec le système des stock-options ! Enfin, c'est admettre implicitement que les perspectives à court terme de croissance de l'action sont limitées pour ne pas dire inexistantes.

Mais finalement, le plus extraordinaire si l'on prend en compte ce tableau pour le moins contrasté, c'est que, comme je l'ai mentionné plus haut, la compagnie présente un « turn-over rate » annuel particulièrement bas, qu'on peut situer à 7%, là où la moyenne pour les entreprises américaines du même secteur s'établit à 15% ! La raison essentielle de cette fidélité à l'entreprise est à rechercher, précisément, dans la qualité du recrutement qui détecte, de manière quasiment infaillible, quel genre d'employé sera taillé et surtout motivé pour rester, malgré les aspects draconiens évoqués plus haut. Et le niveau de rémunération, pour très motivant qu'il soit, m'apparaît n'être qu'un élément finalement secondaire dans la mesure où l'on pourrait penser qu'un employé qui s'est considérablement enrichi chez Microsoft pourrait être tenté de se retirer prématurément pour vivre de ses rentes, ce qui n'est quasiment jamais le cas.

Microsoft et les Logiciels libres

Je souhaiterais m'arrêter un instant, dans ce chapitre, sur le mouvement des logiciels libres en général, et de Linux en particulier, parce qu'il s'agit d'un phénomène qui prend de l'ampleur, qui gagne du terrain un peu partout dans le monde et constitue, à ce titre, une réelle menace pour Microsoft, même si la compagnie de Redmond feint d'en minimiser la portée. Nombreux sont pourtant ceux qui, dans l'industrie informatique, considèrent le mouvement du logiciel libre comme une alternative crédible à Microsoft. Dès lors, et malgré son règne sans partage sur l'industrie du logiciel, Microsoft peut être considérée, sous ce jour nouveau, comme un géant aux pieds d'argile, un peu comme le fut IBM dans les années quatre-vingt, avant de se voir infliger une cuisante défaite par un concurrent nommé... Microsoft.

En guise de préalable, et pour que ma position soit parfaitement claire, je préciserais que j'étais déjà un utilisateur de Linux avant de rejoindre Microsoft, Linux étant le plus connu parmi les logiciels libres dont il est en quelque sorte la figure de proue. J'avais pris goût aux fonctionnalités de Linux lors de mes débuts en qualité d'ingénieur dans une structure de Washington DC, grâce à un jeune et brillant collègue, Steve Harvey. Steve était un véritable enthousiaste et expert de Linux et, corrélativement, un détracteur farouche de Microsoft. Il détestait la compagnie de Redmond et le faisait savoir à qui voulait bien l'entendre. À tel point qu'il m'est souvent arrivé de penser que c'était précisément cette animosité à l'encontre de Microsoft qui faisait de lui un prosélyte acharné, une sorte de gourou de Linux. Quoi qu'il en soit, Steve et moi avons travaillé ensemble sur plusieurs projets utilisant Linux. C'était un brillant ingénieur doué d'une grande créativité et beaucoup d'imagination. Il avait construit, à ses heures perdues, un grand nombre de gadgets électroniques qu'il faisait communiquer entre eux grâce à la plate-forme Linux. Et j'ai réellement découvert avec stupéfaction la souplesse et la puissance de ce système d'exploitation qui présente d'incontestables qualités. Ainsi par exemple, en raison de sa conception même et de la philosophie qui sous-tend sa démarche, il offre la possibilité à l'utilisateur d'accéder au code source et aux autres fonctionnalités afin de pouvoir les modifier à sa guise et de telle sorte que cela puisse bénéficier à beaucoup d'autres applications. C'est le concept des applications ouvertes, un système « *open standard* » autorisant quantités d'extensions. Pour comprendre l'intérêt de cette mise à disposition du code source, il faut préciser que les concepteurs de logiciels commerciaux gardent pour eux leurs secrets de fabrication, leur « recette » de programmation, ce qu'on appelle le code source ou, en raccourci, le « source » qui seul permet de comprendre, parce qu'il est intelligible et pas très éloigné d'une syntaxe naturelle, comment fonctionne l'application et de la modifier éventuellement avant sa compilation en langage machine. Bref, les règles de la propriété intellectuelle protègent l'accès à ce « source » qui est la propriété exclusive de l'entreprise qui a conçu et exploite commercialement le produit. Celle-ci se contente en général de distribuer un guide d'exécution en langage machine, que seul un ordinateur est capable d'interpréter. Dans le cas de Linux en revanche, l'utilisateur a accès au code source, tant et si bien que c'est un peu comme s'il était propriétaire de ce programme puisqu'il peut le modifier selon ses besoins. Il dispose d'un guide lui permettant de prendre connaissance du fonctionnement de l'application, d'en redistribuer des copies ou d'en modifier le fonctionnement en y apportant des ajouts et améliorations.

J'étais donc un utilisateur satisfait de Linux, conscient de la valeur du produit et adhérant en outre à la philosophie du partage des connaissances, « knowledge sharing », qui est à la base du mouvement des logiciels libres. Car après tout, la connaissance n'est-elle pas une des seules choses que l'on peut partager sans en perdre une once ? Qui plus est, ce partage génère sans cesse de nouveaux savoirs et, par contrecoup, de nouvelles applications et nouveaux produits, fruits d'une coopération planétaire des programmeurs qui exploite pleinement les capacités du réseau Internet. Autant dire que le partage enrichit !

Toujours est-il que lorsque j'ai rejoint Microsoft, le mouvement du logiciel libre n'en a pas pour autant perdu de l'intérêt pour moi, bien au contraire. J'étais de ceux, et je le suis plus que jamais aujourd'hui encore, qui estiment que l'on gagne toujours plus à collaborer pour créer de belles choses qu'à adopter une attitude frileuse, défensive et protectionniste. J'ai alors observé qu'il existait chez Microsoft schématiquement deux groupes d'ingénieurs.

Ceux qui partageaient mon point de vue et qui étaient, il faut bien le reconnaître, très minoritaires, et les autres pour qui Linux et le mouvement Open Source dans son ensemble représentaient « l'ennemi » qu'il fallait à tout prix mettre hors d'état de nuire. S'en est suivie, à mon grand regret et à mon profond dépit, une campagne très active pour dénigrer les logiciels libres qui a, dans un premier temps, rencontré un relatif succès. Mais finalement, le mouvement Open Source a pris de l'ampleur, beaucoup de gens estimant qu'il fallait qu'il existât une alternative crédible à Microsoft. On peut même dire que c'est rapidement devenu une démarche militante dans la mesure où, sans même connaître les possibilités de Linux et des autres logiciels libres, certains se sont empressés de les soutenir pour faire barrage au quasi-monopole ou supposé tel de Microsoft ! Ce vaste mouvement s'est exprimé à l'occasion de grands meetings internationaux, tenus notamment dans les pays africains où il existe de nombreux forums pour promouvoir Linux, ce qui peut aisément se concevoir. Les pays qui ont le plus intérêt à encourager le développement du logiciel libre et gratuit, qui en sont les premiers « fans » sont évidemment ceux qui sont les plus pauvres, à commencer par les pays africains mais aussi l'Inde ou la Chine. Et face à la domination sans partage de Microsoft dans le domaine des logiciels commerciaux, des développeurs venus des quatre coins du monde ont commencé à concevoir et distribuer des produits assez performants, libres et gratuits. En outre, les partisans du mouvement « Open Source » estiment, souvent à juste titre, que les logiciels commerciaux sont de plus en plus chers et qu'il faut en plus les renouveler très souvent, ce qui oblige l'utilisateur à acquérir régulièrement des mises à jour matérielles coûteuses.

À côté de cela, il faut mentionner que Microsoft connaît un certain nombre de difficultés sur le front du piratage de ses logiciels. La Chine par exemple, s'est fait quasiment une spécialité du piratage des logiciels, au premier rang desquels, bien sûr, ceux fabriqués par Microsoft, au point que cette activité atteint aujourd'hui des proportions industrielles. Et la plupart des pirates n'ont même pas mauvaise conscience. Ils ont beau jeu d'affirmer que Microsoft, par sa position quasi hégémonique et son attitude protectionniste ne joue pas son rôle de catalyseur de la création mais la freine au contraire, l'empêchant de se développer. Quoiqu'il en soit, le piratage a encore de beaux jours devant lui, que ce soit en Chine, en Inde ou en Afrique. On peut même dire qu'il est indirectement la conséquence de la querelle entre les partisans de Linux, du logiciel libre, et ceux du logiciel commercial.

Parallèlement, Linux trace son bonhomme de chemin. On sait qu'aujourd'hui, de plus en plus nombreuses sont les entreprises à l'adopter. Idem pour les serveurs Web qui requièrent, comme on s'en doute, une grande fiabilité. L'utilisateur final s'en préoccupe rarement mais, lorsqu'il se connecte à Internet pour rechercher des informations, celles-ci sont forcément stockées quelque part et si, dans la plupart des cas, il y accède rapidement et de manière efficace, c'est que le processus fonctionne bien, c'est-à-dire que les serveurs sont fiables ou, plus exactement, que le système d'exploitation qui gère ces ressources sur le serveur est fiable et stable. Or, il se trouve que la plupart de ces serveurs ont choisi Linux, en raison d'une part de sa stabilité qui garantit un très faible taux de bogues mais aussi, bien sûr, de son caractère « ouvert ». N'oublions pas en effet que l'Internet a justement été construit sur la base de standards ouverts et non sur des technologies « propriétaires » dont les promoteurs cacheraient leur code source. L'ascension exceptionnelle de Linux est donc due essentiellement à l'avènement de l'Internet et place aujourd'hui Microsoft dans une position défensive.

Le véritable problème de Microsoft réside en réalité, à mon sens, dans ce qu'il n'a pas encore été accepté, je dirais, philosophiquement, à Redmond que le mouvement des logiciels libres était inéluctable et qu'il était illusoire de penser réussir à le stopper ou enrayer son développement. Une attitude pragmatique, et dont Microsoft a été capable par le passé, consisterait à appliquer le précepte « if you cannot beat them, join them », c'est-à-dire « si vous ne pouvez pas les battre, rejoignez-les », rejoindre s'entendant ici dans le sens de coopérer. Mais force est de constater que les dirigeants actuels de Microsoft sont très éloignés de cette position, s'obstinant à livrer un combat d'arrière-garde. On peut d'ailleurs noter que, plus Microsoft combat Linux (pour s'en tenir à lui), et plus celui-ci gagne du terrain. De nombreuses entreprises, et non des moindres, soutiennent aujourd'hui Linux. C'est le cas notamment d'IBM ou de Sun Microsystems, mais aussi Dreamworks (studios d'animation) et beaucoup d'autres. Et bien évidemment d'une foule de petites start-up qui conçoivent des produits complémentaires à Linux, des extensions, payantes celles-là, dédiées à telle ou telle tâche bien particulière. Et c'est là un autre intérêt du système. En effet, à l'inverse des produits Microsoft qui proposent, imposent plutôt, l'achat d'un package complet et onéreux à des utilisateurs qui, bien souvent, n'utiliseront que 10% au mieux des applications, ces petites entreprises commercialisent des produits très pointus, répondant à des besoins tout à fait spécifiques destinés aux utilisateurs de la plate-forme Linux. Ainsi boosté, le mouvement prend de l'ampleur, d'autant plus que des gouvernements entiers choisissent désormais Linux, comme les gouvernements chinois ou vénézuélien par exemple, des municipalités comme Munich, des administrations, la gendarmerie française et même de nombreux ministères (en France, l'Agriculture, la Défense et la Culture entre autres), ce qui ne va pas, paradoxalement, sans un certain coût de « migration » pour des structures qui étaient jusqu'à présent dotées d'un autre système, sous licence Microsoft, bien sûr. C'est d'ailleurs une des raisons pour lesquelles très peu de dirigeants de la firme de Redmond avaient anticipé ce mouvement, pensant, à tort, leurs clients captifs d'une plate-forme qui, après tout ne fonctionnait pas si mal, il faut bien le reconnaître. Ils avaient sous-estimé en cela le côté symbolique, quasi militant de la démarche consistant à passer d'un environnement commercial à un autre libre et gratuit, quand bien même l'opération s'avère délicate et finalement relativement coûteuse. Et je suis persuadé que si les choses ont évolué en ce sens et à cette vitesse, l'attitude de Microsoft en est en grande partie responsable. En clair, ils ne peuvent s'en prendre qu'à eux-mêmes.

La rigidité, l'arrogance même des dirigeants de Microsoft a indisposé beaucoup de monde. Et chacun a encore en mémoire le procès intenté par une vingtaine d'États et le Ministère de la Justice américain pour pratiques anticoncurrentielles, au cours duquel sept juges, c'est-à-dire l'unanimité, ont reconnu Microsoft coupable de pratiques monopolistiques et d'abus de position dominante. Qu'on ne se méprenne pas : ce n'est pas le monopole en soi qui est illégal, après tout une société peut bien être la seule sur le marché à fabriquer un produit particulier. Ce qui pose problème en revanche, c'est de tirer parti de cette situation de monopole (ou quasi-monopole) pour freiner la compétition, verrouiller le système en quelque sorte. Cette décision, même si par la suite elle n'a pas emporté toutes les conséquences qui étaient envisageables, a représenté un coup dur, à la fois pour les salariés de Microsoft, dont j'étais, qui avaient toujours soutenu la compagnie dans ses efforts de création et de développement de produits innovants et performants, mais aussi pour tous ceux qui avaient encore un doute, qui hésitaient à douter de l'honnêteté de la politique commerciale de la société. Forte de cette décision qui l'exonérait préventivement de toute suspicion d'anti-américanisme, et des démêlés de Microsoft avec la concurrence en Europe, l'Union Européenne s'est ensuite saisie du dossier. C'est ainsi que la Commission européenne a infligé en 2004 à la firme de Redmond une amende s'élevant à près de cinq cent millions d'euros pour abus de position dominante, puis, celle-ci traînant manifestement les pieds pour coopérer tout en dénonçant la bureaucratie européenne, a assorti cette condamnation d'une astreinte journalière de deux millions d'euros. Parmi les reproches formulés à l'encontre de Microsoft, deux reviennent régulièrement.

Tout d'abord, il est jugé anormal que l'acquéreur d'un ordinateur ne puisse avoir le choix de son browser, son navigateur Internet, mais que celui-ci (Internet Explorer en l'espèce) lui soit imposé à l'achat, l'obligeant à effectuer différentes et fastidieuses manipulations s'il lui prend l'envie d'en utiliser un autre. On pourrait concevoir en effet qu'aucun browser ne soit préinstallé sur l'ordinateur, à charge pour l'utilisateur d'installer celui de son choix. On pourrait d'ailleurs même aller plus loin et imaginer que les ordinateurs puissent être vendus couramment au grand public « nus », c'est-à-dire dépourvus de système d'exploitation. En réalité, dès l'origine, il a existé une espèce de deal entre Microsoft et les fabricants d'ordinateurs, le premier profitant de son quasi-monopole en matière de système d'exploitation pour imposer son standard aux seconds, les « obligeant » à livrer leur machine déjà pourvues dudit système en échange de menus avantages. Si bien que les fabricants ont eu beau jeu ensuite de se retrancher derrière cet accord quand ils ont été interpellés par ceux qui auraient souhaité bénéficier d'un autre système d'exploitation sur leur machine. Les choses ont néanmoins commencé à bouger puisqu'un certain nombre de fabricants, au nombre desquels IBM, Dell ou NEC ont commencé à proposer des ordinateurs équipés de Linux.

Le second reproche fait à Microsoft porte sur ce que l'on appelle l'interopérabilité. Il est demandé à la firme de Redmond de divulguer des informations complètes et précises aux concepteurs de systèmes d'exploitation pour serveurs de groupe de travail, afin d'assurer une interopérabilité totale entre les serveurs utilisant des systèmes d'exploitation concurrents et ceux qui fonctionnent sous Windows.

Le plus décevant dans tout cela, c'est qu'ils seraient parfaitement capables de se battre sur les terrains de la qualité, de l'excellence, de la recherche, de l'innovation et de se faire respecter avec des armes commerciales « honnêtes » car un produit comme Windows, quoi que l'on en pense, est tout de même de grande qualité et assure à l'utilisateur une convivialité exceptionnelle. Accepter la concurrence ne signifie pas se livrer à elle pieds et poings liés ! Si je me montre aussi critique envers une compagnie qui m'est par ailleurs chère, c'est précisément parce que je suis persuadé qu'elle a le potentiel, les moyens de rester « fair » tout en adoptant une démarche gagnante au lieu de compter indéfiniment sur ses acquis, ce que j'appelle sa vache à lait Windows ou encore un produit comme Office.

À propos d'Office, qui est une suite bureautique très performante, nul ne le conteste, on lui a souvent reproché d'être trop complexe et de comporter des fonctions inutiles qui alourdissent inutilement la facture dont doit s'acquitter l'utilisateur. Or, il existe aujourd'hui un concurrent sérieux, de taille et... gratuit, un logiciel libre nommé Open Office, développé par Sun Microsystems, qui prend peu à peu un essor considérable. Il peut être téléchargé gratuitement sur Internet et a déjà été adopté par de très grandes sociétés comme Google par exemple ! Il offre à peu près les mêmes fonctionnalités que Microsoft Office (traitement de texte, tableur, logiciel de présentation, base de données etc.) pour un coût nul. Microsoft se trouve donc une nouvelle fois confronté à une concurrence sérieuse et de qualité, même si la part de marché de ces logiciels libres n'a pas encore atteint ce que j'appellerais une masse critique. Mais la tendance est nette et ne peut être ignorée ou méprisée. Un autre exemple est fourni par le browser libre Firefox qui, en un laps de temps très bref a déjà atteint près de 20% de parts de marché en Europe et continue de progresser. Il est d'ailleurs à noter que tous ces produits ne dureraient pas et, a fortiori ne connaîtraient pas un tel succès si leur raison d'être principale n'était que de lutter contre Microsoft, comme tentent de le faire croire des dirigeants de Redmond. Le militantisme a ses limites. Il s'agit véritablement de produits excellents, dont les indéniables qualités techniques font que le consommateur y trouve son compte et s'y intéresse de très près. A tel point que de nombreux utilisateurs de Firefox vantent, avant même son caractère gratuit, sa stabilité, réputée supérieure à celle d'Internet Explorer.

Et effectivement, ce qui a causé beaucoup de tort à Microsoft, et je me fonde là sur mon expérience de l'intérieur de la compagnie, c'est la relative précipitation qui a parfois conduit à mettre sur le marché des produits qui n'étaient pas totalement aboutis. Il est vrai que je ne suis pas un homme du marketing mais de la technologie, mais je suis de ceux qui pensent qu'un produit, en l'occurrence un logiciel, ne doit être commercialisé qu'après avoir été longuement testé pour éviter, autant que faire se peut, les bogues, les *crashs* et le *hacking*. Et pour s'en tenir au phénomène des virus, je ne crois pas qu'il faille s'abriter uniquement derrière la fatalité que représenteraient des individus maléfiques qui passeraient leur temps à inventer des programmes destructeurs, même s'il en existe effectivement. On pourrait aussi incriminer la précipitation qui a conduit à mettre en vente un produit que l'on n'a pas pris le soin d'immuniser convenablement. Cela étant, il faut tout de même reconnaître que, si les produits Microsoft donnent parfois l'apparence d'être peu stables ou en tout cas moins que leurs concurrents, c'est aussi et surtout parce qu'ils sont la cible privilégiée des hackers, pour des raisons diverses mais que l'on peut facilement imaginer. Cela ne justifie pas pour autant la relative facilité avec laquelle ces attaques réussissent. Il revient à Microsoft de « blinder » ses produits, et cela, Microsoft sait le faire, je m'en porte garant. Pourquoi dès lors attendre que les attaques soient trop nombreuses pour agir a posteriori quand il serait beaucoup simple de fignoler le logiciel avant sa mise en vente ? C'est ce type de démarche, je n'ose dire de politique, qui, je dois le dire, me déçoit de la part de Microsoft.

***

Pour conclure sur le sujet, il convient de s'interroger sur les perspectives qui s'offrent à Microsoft à l'heure où les habitudes des consommateurs de logiciels sont en train de changer et où il n'est pas du tout inconcevable que, d'ici cinq ans au plus, les logiciels libres aient réellement acquis des positions très fortes sur ce marché. Fatalement, il se posera dès lors – mais il existe déjà, dans les faits – un problème de stratégie, d'autant plus que Bill Gates n'aura théoriquement plus en main les rênes de la compagnie. Si Microsoft entend rester une entreprise à la pointe de la technologie, fabriquant des produits de qualité et jouissant d'une honorabilité retrouvée, cela passe nécessairement par une cure de jouvence, une transformation radicale et en profondeur qu'elle a, j'en suis persuadé, les moyens potentiels de réussir à condition de le vouloir vraiment, au lieu de se crisper dans une posture protectionniste, recroquevillée sur sa vache à lait Windows ! Cela réclamerait toutefois une vraie humilité dont elle a su faire preuve par le passé mais dont les dirigeants actuels semblent assez éloignés. Et si l'on ajoute qu'elle a perdu et continue de perdre certains de ses meilleurs éléments au profit d'entreprises concurrentes, la tâche ne s'annonce guère aisée. Bien entendu, il reste une pléthore de grands ingénieurs chez Microsoft mais encore faut-il, pour parvenir à un résultat significatif, qu'ils partagent la même vision de l'avenir que les dirigeants et que cette vision soit claire et lisible.

Mais alors, que peut faire Microsoft pour relever la tête ? Je crois qu'il n'y a pas d'alternative. Il faut coopérer, de manière honnête, et le plus tôt possible, avec le mouvement des logiciels libres, sans attendre, ce qui ne manquera pas d'arriver à plus ou moins long terme, de se retrouver face à un mur et d'être contraint à un retournement de veste aussi spectaculaire que problématique. Et la première démarche importante, symbolique, serait à mon sens de cesser de se voiler la face et reconnaître le mouvement et sa valeur indéniable pour le consommateur. J'ai toujours pensé en effet que c'était une erreur très dommageable commercialement de supposer que le consommateur est totalement ignorant au point que l'on puisse lui faire utiliser durablement n'importe quel produit de pacotille qui n'aurait d'autre qualité que sa gratuité. Cela n'existe pas. Si de plus en plus d'utilisateurs adoptent Linux, pour s'en tenir à celui-ci, c'est qu'il leur apporte réellement quelque chose de positif et dès lors, cela doit être pris en considération. Après avoir reconnu l'utilité du mouvement, il sera ensuite temps de chercher à coopérer, en travaillant en partenariat avec les sociétés qui développent ces logiciels pour accompagner, plutôt que subir, un développement qui est de toute façon inéluctable. Et cela, Microsoft sait le faire, la démarche n'est pas nouvelle. Souvenons-nous d'Apple qui était, à l'origine, un concurrent de Microsoft et avec lequel la firme de Redmond a fini par signer un partenariat, selon le principe du « *win-win* », gagnant-gagnant en ce qu'il a profité aux deux parties. A Apple, en garantissant sa survie, ce qui n'était pas négligeable en soi, d'autant plus qu'il y avait déjà de nombreux utilisateurs et fervents partisans d'Apple de par le monde.

A partir du moment où ils pouvaient disposer des mêmes logiciels Microsoft que les PC, ils devenaient en quelque sorte plus « standards » et pouvaient toucher un plus vaste public et non plus une certaine catégorie d'initiés, ce qui s'est d'ailleurs largement vérifié. Et à Microsoft d'élargir son marché, en créant des logiciels qui fonctionnent aussi bien sur des machines Apple que sur PC, et générer ainsi pour ses produits une réelle valeur ajoutée. Cet exemple devrait être médité à Redmond avant qu'il ne soit trop tard. Il faut savoir anticiper, c'est même l'une des qualités essentielles que l'on attend d'un leader. Encore une fois, je ne voudrais pas que Microsoft attende d'être littéralement acculée avant de se décider à agir dans le sens d'une coopération qui ne peut que profiter à tout le monde.

Bien sûr, une vision à court terme pourrait faire douter de l'intérêt commercial, pour Microsoft, de coopérer avec le mouvement des logiciels libres et, à plus forte raison, de l'encourager. Mais que l'on réfléchisse un instant. Les utilisateurs de Linux, logiciel libre et gratuit, ont souvent recours à des extensions, conçues, fabriquées et commercialisées par des entreprises, souvent peu connues, mais qui en retirent des bénéfices confortables. Pourquoi Microsoft n'adopterait-elle pas cette démarche, infiniment plus positive que le combat d'arrière-garde, perdu d'avance, qu'elle s'obstine à mener ? Accompagner le développement de Linux, créer et financer des petits pôles d'excellence où les jeunes pourraient se familiariser avec les produits, concevoir des modules complémentaires, et travailler sur l'interopérabilité entre les deux systèmes, les deux environnements. Cela requiert toutefois une vision à long terme, au sens de « visionnaire », ce qu'était le Bill Gates de la grande époque de Microsoft, une mise de fonds assez importante et une certaine dose de patience à l'égard d'un retour sur investissement différé dans le temps. On pourrait penser que cela relève quasiment de l'utopie, compte tenu de la personnalité et de la politique commerciale des dirigeants en place. Un premier pas, que je me plais à saluer, a toutefois été accompli récemment dans la bonne direction. Au mois de novembre 2006 en effet, Microsoft a conclu une alliance stratégique avec son concurrent Novell, l'un des principaux éditeurs de Linux. Cette alliance vise à rendre leurs systèmes d'exploitation compatibles et pourrait marquer un tournant historique dans le domaine des systèmes d'exploitation, et plus généralement, dans l'univers du logiciel.

Dans mon bureau au siège de Microsoft en 2006.

A bord d'un Cessna, Seattle 2003.

Ce que j'ai appris chez Microsoft

Outre un bagage humain, professionnel et technique sans équivalent dans l'industrie informatique, j'ai retenu de ces presque dix années passées chez Microsoft, un certain nombre de préceptes, parfois très simples, au point qu'ils frisent l'évidence – mais alors, pourquoi tant de chefs d'entreprise les négligent-ils ? – mais pour la plupart redoutablement efficaces.

***

Je commencerai en premier lieu par une expression qui est très en vogue chez Microsoft : « Eat your own dog food », littéralement « mangez votre propre nourriture ». Chaque produit conçu, créé, développé dans l'enceinte de Microsoft doit être « consommé » en premier lieu par le personnel de l'entreprise. Il importe en effet de vivre l'expérience du consommateur, grandeur nature, au quotidien. Cela ne constitue pas une suggestion, une recommandation, mais une obligation. Le personnel de Microsoft doit être persuadé que les produits qu'il crée sont les meilleurs, c'est une question de confiance et d'état d'esprit. Donc, chaque nouveau produit Microsoft, qu'il s'agisse d'une nouvelle version de Windows, de Word, d'Excel ou de n'importe quel logiciel est utilisé quotidiennement par les salariés de la compagnie.

La logique qui sous-tend cette démarche est évidemment positive. Comment le public pourrait-il accorder sa confiance à un produit si les salariés de l'entreprise qui le fabriquent n'y croyaient pas eux-mêmes suffisamment pour s'en servir ? Par voie de conséquence, les employés de Microsoft sont les premiers à vivre les bogues éventuels du logiciel et à devoir se débrouiller pour les résoudre avant la mise sur le marché. C'est incontestablement une excellente chose pour le consommateur.

Pour le salarié de chez Microsoft, cela présente parfois l'inconvénient de nuire à sa productivité. Je prendrai un exemple, afin de préciser ma pensée. Un des produits qui a coûté le plus cher à Microsoft en terme de perte de productivité, était Exchange, logiciel au demeurant très performant dans la gestion de la messagerie électronique (par l'intermédiaire d'un serveur) et qui est utilisé par de nombreuses entreprises. Lorsque, vers 1999, nous avons lancé et testé (forts du principe « eat your own dog food ») une nouvelle version d'Exchange, il est arrivé à plusieurs occasions que la messagerie électronique interne de Microsoft ne fonctionne plus.

Quand on sait que les e-mails sont au cœur du système de communication interne chez Microsoft, on imagine aisément les dégâts ! Aucun moyen de recevoir les messages de ses collègues, subordonnés ou supérieurs hiérarchiques ! On frôlait la paralysie complète et beaucoup ont très mal vécu cet incident. Au sein d'une entreprise par ailleurs aussi exigeante que Microsoft en terme de productivité, il est essentiel que chacun puisse disposer des outils qui lui permette de mener à bien son travail, sans se retrouver freiné, pénalisé par des problèmes liés à un produit au développement duquel il n'a pas forcément participé. D'autant plus que, bien entendu, la version précédente fonctionnait toujours de manière optimale. Mais il était hors de question d'y revenir.

D'où les sentiments de frustration et de colère d'une partie du personnel qui fustigeaient la précipitation qui avait conduit les dirigeants à lancer un produit non parfaitement abouti et considéraient en outre qu'il aurait mieux valu confier à une unité spécialisée la tâche de tester les nouveaux produits et... d'essuyer les plâtres pour utiliser une expression imagée. Mais c'était renoncer à ce qui fait la force et la singularité de la philosophie Microsoft : la compagnie se doit de fonctionner comme une équipe et aucun produit ne doit être mis sur le marché avant d'avoir été utilisé par les employés de Microsoft eux-mêmes, quoi qu'il en coûte. Il n'est pas inutile ici de décrire, dans les grandes lignes, le cycle de développement d'un logiciel chez Microsoft.

On commence d'abord par développer ce qu'on appelle des prototypes qui, à force d'être raffinés et peaufinés donnent naissance à une version dite alpha, qui n'est généralement pas assez stable pour être distribuée au grand public (« not ready for prime time »). L'étape suivante va donc logiquement consister à supprimer le maximum de bogues du logiciel pour arriver à une version dite bêta. Cette version bêta sera ensuite gracieusement distribuée à un certain nombre de testeurs proches de l'entreprise – ou même, comme on l'a vu, au sein de l'entreprise – qui auront pour rôle de détecter les derniers bogues. Au terme de ce processus, on obtiendra alors ce qu'on appelle la version gold, c'est-à-dire la version finale prête à être pressée sur des CD-Rom et mise sur le marché.

Un autre précepte pourrait être formulé ainsi : « Offrez à vos employés une part du gâteau ». Autrement dit, il est important pour une entreprise de trouver un moyen de motiver ses employés autrement que par un salaire stable à la fin du mois. Le salarié doit avoir l'impression de faire partie intégrante de son entreprise, d'appartenir à une équipe et d'être impliqué dans les résultats qu'elle obtient. Chez Microsoft, cette volonté d'intéressement s'est longtemps traduite par la fameuse politique de distribution des stocks options évoquée précédemment. Avec un certain succès puisque les salariés ont été, dans leur immense majorité, fidèles et loyaux à l'entreprise au fil des années. Il est d'ailleurs à noter que les stocks options concernaient, comme je l'ai déjà dit et à l'inverse de ce qui se passe dans la plupart des entreprises, tous les employés, sans exception, ce qui a réellement contribué à créer et entretenir un très fort sentiment d'appartenance, chacun sentant que son intérêt était étroitement lié à celui de Microsoft.

Dans un domaine tout à fait différent, j'évoquerai aussi ce que l'on appelle à Redmond, « the elevator test », le test de l'ascenseur. Derrière ce terme imagé, se cache une idée toute simple. Un salarié de Microsoft doit être capable de présenter un produit à un utilisateur potentiel, éventuellement novice, en une trentaine de secondes, c'est-à-dire le temps d'un trajet en ascenseur. On part du principe que votre interlocuteur peut être très occupé, n'avoir pas de temps à perdre (il peut s'agir du Directeur

Général d'une grande entreprise) et qu'il vous appartient de lui expliquer en quelques secondes en quoi consiste le produit, ce qu'il permet de faire, quels sont ses avantages etc... Ceci constitue évidemment un véritable challenge et un exercice très formateur en termes de précision et de concision.

La notion de client est aussi quelque chose de très important. La question que vous devez toujours avoir à l'esprit est celle-ci : « Qui est votre client ? » Ce n'est pas aussi simple qu'il y paraît au premier abord. En effet, pour le salarié novice, le client sera toujours le consommateur externe à la compagnie. Il n'en est rien. Le terme « client est beaucoup plus général. En fait, il s'agit de toute personne qui attend de vous un certain service, y compris un salarié de votre propre entreprise. Imaginons que je travaille dans une équipe, si j'attends des données que doit me fournir une autre équipe, je suis (ponctuellement) le client de cette équipe et je dois être traité de la même façon qu'un client traditionnel. Ce n'est pas si aisé à faire admettre.

Bien souvent, le salarié moyen aura tendance à penser que, puisque nous appartenons tous à la même compagnie, on peut « s'arranger », s'accommoder d'un certain retard ou d'être servi après les autres clients. C'est une erreur, le client interne, celui qui attend un service, une prestation, ou qui a commandé un produit, est un client à part entière qui doit jouir de la même considération que n'importe quel client extérieur à la compagnie.

Un autre point concerne ce que l'on appelle le modèle

d'analyse « SWOT », c'est-à-dire Strengths, Weaknesses, Opportunities and Threats : la force d'une entreprise, ses faiblesses, les opportunités qui se présentent à elle et les menaces éventuelles auxquelles elle doit faire face de la part, généralement, de la concurrence, de l'extérieur. Lorsque l'on évolue à un certain niveau au sein d'une entreprise, il est nécessaire d'évaluer périodiquement ces quatre facteurs, réaliser par conséquent une « SWOT analysis ».

L'industrie est toujours en mouvement, rien n'est jamais acquis, il faut donc constamment anticiper et pour cela analyser, en temps réel, à la fois ses forces (on peut supposer qu'elle en a !), mais aussi prendre en compte ses faiblesses pour tenter de les corriger ou, au moins, d'en minimiser les effets, savoir distinguer les opportunités qui pourraient s'ouvrir et qu'il serait bon de saisir, sans négliger les menaces que fait peser en permanence la concurrence, la loi du marché. A partir d'un certain niveau de responsabilité, cela doit devenir un réflexe.

Un précepte important, également en vigueur chez Microsoft, énonce qu'il faut prendre des décisions comme si la compagnie vous appartenait. Cela peut d'ailleurs concerner n'importe quel employé, quelle que soit sa fonction. Dans le cadre d'une compagnie d'une certaine taille qui comprend plusieurs divisions, il arrive fréquemment que, méconnaissant ce principe de base, les responsables d'une de ces divisions prennent des décisions en apparence positives – c'est bien le moins – pour leur unité, mais qui vont avoir un impact négatif sur une autre division ou sur le reste de l'entreprise.

Il est donc vivement recommandé, quand on travaille chez Microsoft, d'envisager les choses de manière globale en se posant la question : « si j'étais propriétaire de la compagnie, si j'étais Bill Gates, comment est-ce que j'agirais ? » Cette démarche est un corollaire de celle qui consiste à impliquer chaque salarié dans la vie et les succès de l'entreprise. Chacun doit avoir à cœur le bien de la compagnie car, si celle-ci se porte bien, c'est chaque employé qui, il n'est pas inutile de le rappeler, est actionnaire de l'entreprise, qui ira bien à son tour. Il est donc déterminant que chacun envisage toujours les décisions à prendre dans cet esprit-là. La décision que je m'apprête à prendre aura-t-elle un impact positif sur l'ensemble de la compagnie ou ne favorisera-t-elle que ma division, quitte à compliquer les choses ailleurs ?

Travailler intelligemment et non en terme de durée. A première vue, rien de bien nouveau et encore moins révolutionnaire. Une remarque toutefois. Chez Microsoft, la quantité de travail qui s'abat sur chacun est proprement stupéfiante. Non que le travail tombe du ciel, bien sûr. Simplement, il est de règle que l'on vous en donne toujours plus que vous ne pouvez en faire. Il est donc tout à fait illusoire d'imaginer qu'en travaillant simplement dur on atteindra les objectifs fixés. Par conséquent, le challenge permanent d'un salarié de Microsoft consiste avant tout à trouver les moyens d'être toujours plus efficace, ce qui signifie déployer des trésors d'intelligence et parfois d'astuce pour accomplir les tâches assignées. C'est un véritable brevet de survie dans l'univers Microsoft pour qui veut éviter le naufrage ! La routine n'existe pas.

Les tâches répétitives non plus, sans quoi on trouverait aisément une machine pour les exécuter !

Ne pas hésiter à avouer son ignorance. Après tout, nul chez Microsoft comme ailleurs n'est censé tout connaître, mais indiquer aussitôt que l'on va se mettre en quête des informations, des réponses au problème soulevé. Et si possible, préciser un délai. L'honnêteté intellectuelle est une valeur très prisée à Redmond. Nombre de nouveaux arrivants s'imaginent à tort qu'en avouant leur ignorance, ils encourent l'infamie et courent à la catastrophe. C'est tout l'inverse en réalité.

Lorsque vous arrivez chez Microsoft, on s'attend à ce que vous commettiez un certain nombre d'erreurs. Le contraire serait très étonnant. L'important n'est pas dans les erreurs commises mais dans la réaction que vous aurez face à cette situation. Celui qui passerait des jours, voire des semaines, sans poser une seule question, serait mal perçu car personne ne peut tout savoir à Microsoft, c'est même la clé du travail en équipe. Il importe de poser des questions, d'aller à la « pêche aux informations » pour percer le mystère et être en mesure de trouver une solution à son problème dans les meilleurs délais.

« Make your boss look good ». On pourrait traduire cela par : « Soignez l'image de votre patron ! » L'idée est très simple en elle-même mais finalement assez peu mise en pratique dans le monde de l'industrie. Un salarié se doit de « protéger » son patron. Évidemment, dans certaines limites tout de même. Mais dans les meetings, à l'extérieur de l'entreprise, il est indispensable que vous souteniez votre patron, que vous contribuiez à donner de lui une image positive car alors, c'est tout le groupe, toute la compagnie qui en bénéficie par ricochet et donc vous-même.

Il ne s'agit pas de flatterie stupide, de flagornerie mais d'une manifestation de cet esprit d'équipe que je vantais précédemment. C'est lui le chef d'équipe et son équipe, dont vous faites partie, sera jugée d'abord à partir de ses propres performances. Il convient donc de lui manifester un soutien actif et sans faille en public, surtout lorsqu'il pourrait être mis en difficulté ou commettre des erreurs passagères. Un patron a besoin de sentir que ceux qui travaillent à ses côtés lui font confiance et que tout le monde fait avancer le navire dans la même direction.

Autre précepte intéressant qui compte parmi mes favoris, c'est celui qui enseigne : apportez des solutions pas des problèmes. Qui n'a pas rencontré, dans le monde de l'entreprise, des individus qui passent leur temps à venir se plaindre, signaler des dysfonctionnements, annoncer des catastrophes en étant persuadés qu'en agissant ainsi ils ont accompli quelque chose d'utile à la compagnie ?

Une telle attitude, pour tentante qu'elle puisse être parfois, est très mal perçue chez Microsoft. L'état d'esprit qu'elle révèle s'accorde en effet assez mal avec une ambiance où la plupart des gens sont passionnés par la résolution des problèmes. Ceux que l'on apprécie à Redmond, ce sont les « *problem solvers* », pas ceux qui dénoncent une situation sans proposer de solution. Mieux encore, il est bienvenu, quand on rencontre son supérieur hiérarchique pour lui faire part de tel ou tel problème, d'apporter en même temps plusieurs solutions, au moins deux ou trois, pour lui donner l'occasion de vous aider à choisir la plus adaptée.

En effet, ne présenter qu'une seule solution revient à lui dire qu'elle est à prendre ou à laisser et le placer devant le fait accompli. Son intervention n'a de sens et ne peut s'avérer utile que s'il peut vous permettre, comme c'est son rôle, de vous guider vers la solution la plus adéquate. Encore faut-il faire l'effort de lui proposer des solutions et ne pas se contenter de le laisser régler votre problème à votre place !

Informer son patron des mauvaises nouvelles le plus tôt possible. Pas toujours facile, on le comprend, à mettre en pratique, ce précepte est pourtant facilement compréhensible. Il n'est jamais très agréable d'annoncer à son supérieur hiérarchique que l'on est en train, par exemple, de perdre un client parce que le produit qu'on lui propose n'est pas adéquat. On peut anticiper sa réaction négative. Mais différer l'annonce de la mauvaise nouvelle n'arrangera rien, bien au contraire. Informé immédiatement, votre patron, à défaut de trouver une solution satisfaisante pourra toujours vous savoir gré de votre honnêteté ce qui est bénéfique pour la suite de vos relations. En tant que manager, j'ai connu la situation dans les deux sens, si je puis dire, étant placé tantôt dans la peau de celui qui doit annoncer la mauvaise nouvelle, et tantôt dans celle de celui qui la reçoit.

C'est toujours un moment désagréable. Mais dans une entreprise comme Microsoft, il y a tous les jours tellement de problèmes à résoudre que cela fait partie du travail, qu'ils ne sont même plus, pour la plupart, considérés comme des problèmes. Pour reprendre une expression chère à Bill Gates, « Microsoft pays people to sit and think », c'est-à-dire que Microsoft paie, recrute les gens pour s'asseoir et réfléchir ! Comme je l'ai mentionné plus haut, la routine n'existe pas. Celui qui sentirait qu'il s'installe dans une sorte de confort routinier n'aurait plus sa place chez Microsoft.

Le principe suivant s'adresse aux managers, à tous ceux qui ont une équipe à gérer. « Donnez à votre équipe une montagne à grimper ou à déplacer ». En clair, il est judicieux de donner à son équipe plus de travail qu'elle ne peut, a priori, en effectuer. Pourquoi ? Tout d'abord parce que l'expérience démontre qu'il y a des équipes qui réservent d'agréable surprises en allant bien au-delà de ce qui paraissait être leurs capacités initiales. Et par ailleurs, on ne court aucun risque en donnant plutôt plus que moins. N'est-ce pas, après tout, une des bases du système capitaliste ?

Un manager n'a vraiment aucun intérêt à faire tourner son équipe en sous-régime. Bien entendu, il faut parallèlement savoir se montrer juste, équitable et ne pas punir inconsidérément ceux qui n'ont pas fini d'accomplir une tâche que l'on savait surdimensionnée dès l'abord. Et c'est là que réside la difficulté du système, surtout si on la met en perspective avec ce qui a été dit de la procédure d'évaluation. En effet, s'il est souhaitable de maintenir son équipe sous pression, il ne faut pas pour autant générer le découragement.

C'est une question de doigté, d'appréciation du

manager qui doit savoir estimer à sa juste valeur le travail effectué par les salariés de son équipe. Dans certaines situations, un employé qui aura mené à bien 50% de la tâche qui lui avait été assignée pourra être considéré comme ayant bien travaillé si la charge de travail était considérable !

Une autre leçon que j'ai apprise chez Microsoft, plutôt paradoxale dans sa formulation, mais dont j'ai maintes fois pu mesurer la justesse, s'énonce ainsi : « Si vous voulez qu'une tâche soit exécutée rapidement, confiez-la à la personne qui est la plus occupée. » C'est finalement assez facile à concevoir. Quelqu'un qui a beaucoup à faire aura toujours en tête ce challenge permanent de s'organiser pour assumer ses tâches. De plus, l'employé qui a beaucoup à faire est, par définition, un employé qui est particulièrement sollicité, ce qui est toujours bon signe quant à sa compétence. Étant très occupé, il aura tendance à travailler vite, à consacrer le moins de temps possible à cette nouvelle tâche qui lui est confiée, ce qui ne signifie pas qu'il va la bâcler en prétextant qu'il manquait de temps pour la réaliser correctement.

Un tel comportement n'existe pas chez Microsoft. En définitive, à partir du moment où il accepte cette nouvelle mission, la partie sera gagnée si j'ose dire, l'acceptation impliquant que le travail va être fait dans les meilleurs délais puisque, par définition, il a une quantité d'autres choses à faire ! C'est une stratégie qui fonctionne très bien, en tout cas chez Microsoft. Probablement parce que pour un salarié de la compagnie, plus on lui confie de travail, et plus on lui manifeste la confiance que l'on a en lui. À tel point que c'est davantage perçu comme une source de motivation supplémentaire que comme une corvée.

Ne jamais hésiter à reconnaître les mérites d'un salarié chaque fois que cela lui est dû. Lui envoyer un message pour lui dire que l'on apprécie son travail. Et il est important de faire de même en public dès que c'est possible, à l'occasion d'un meeting par exemple, pour valoriser la performance des membres de votre équipe. A l'inverse, bien entendu, les reproches, lorsqu'il y a lieu d'en adresser, doivent se faire en privé. On pourrait penser que cela va de soi mais l'expérience m'a démontré que ce n'était pas toujours le cas.

Donner l'exemple. Le type même du conseil dont tout le monde parle mais que très peu de gens appliquent. Il appartient à un manager de toujours donner l'exemple. Chez Microsoft, l'environnement est particulièrement propice à la mise en œuvre de ce précepte, dans la mesure où la plupart des managers, pour ne pas dire tous les managers sont des gens très techniques, au point que, bien souvent, lorsqu'un manager met « la main à la pâte », il se montre techniquement meilleur que ses subordonnés. Vu de l'extérieur, cela peut sembler surprenant. On a tendance à imaginer généralement que les tâches managériales sont déjà tellement absorbantes que l'on peut difficilement envisager de consacrer du temps à faire autre chose. Mais la plupart des managers, chez Microsoft, ne sont parvenus à cette position que parce qu'ils étaient extrêmement compétents, brillants même, au plan technique, avant d'être choisis pour manager une équipe.

C'est pourquoi il est très fréquent que les managers donnent l'exemple, et pas nécessairement pour des tâches de prestige, mais pour n'importe quel type de besogne.

Par exemple, il arrive souvent qu'une équipe crée un programme qui va lui permettre de surveiller le fonctionnement d'un système, le contrôler à distance, ce contrôle s'effectuant à l'aide de ce qu'on appelle un pager, c'est-à-dire un petit instrument qui émet un signal sonore, un bip pour signaler qu'il y a un problème, comme les médecins de garde en utilisent couramment. Avoir la charge du pager n'est jamais très agréable, aussi les membres de l'équipe se le repassent-ils à tour de rôle, chacun le gardant une nuit.

Mais, chez Microsoft, les managers prennent aussi leur tour de garde, au même titre que n'importe quel membre de leur équipe. Il faut bien avoir à l'esprit que le pager a ceci d'inamical qu'il ne se gêne pas pour sonner à 3 heures du matin, alors que vous êtes en plein sommeil, pour vous signaler un problème dans le système. Et en tant que détenteur du pager, il vous appartient de remédier au problème signalé.

Dans le cas de systèmes critiques, qui sont censés fonctionner vingt-quatre heures sur vingt-quatre, le porteur du pager dispose de trente minutes, pas plus, pour détecter le problème en se connectant à distance et le résoudre. Nous parlons ici de problèmes qui peuvent être très complexes. S'il s'avère que, durant les trente premières minutes, celui qui était chargé d'agir n'a pu venir à bout de la difficulté, il procède à ce que l'on appelle une « *escalation* », c'est-à-dire qu'il contacte quelqu'un qui a plus d'expérience que lui, en pratique quelqu'un du même groupe, plus « senior », voire le manager lui-même. Celui-ci demande d'ailleurs la plupart du temps à être contacté immédiatement dans ce cas de figure. Mais en pratique, les salariés ont parfois tendance à le « contourner » en espérant que le problème pourra être résolu avant que le manager n'en soit informé.

Quoi qu'il en soit, il y a des jours où, mettant en œuvre le précepte selon lequel il convient de donner l'exemple, le manager prend le pager. C'est une manière de faire passer le message selon lequel toute l'équipe, tout le groupe est à bord du même bateau. C'est une attitude typique chez Microsoft où l'on ne rencontrera jamais un manager qui se contenterait de diriger son équipe depuis son bureau et de ne faire que de la paperasse. L'exemple, puisqu'il est ici question d'exemple à donner, vient d'ailleurs d'en haut. Chacun sait que Bill Gates, tout Chairman qu'il est, est quelqu'un qui s'implique beaucoup dans les questions techniques, qui n'hésite jamais à mettre la main à la pâte et qui travaille de manière intense et passionnée. L'entreprise qu'il a créée lui ressemble forcément, elle est à son image et les managers ne pourraient concevoir de se borner à manager !

Laisser vos subordonnés faire la présentation, l'exposé, y compris dans les meetings de haut niveau. Ce point a déjà été évoqué dans un chapitre précédent. Il est toujours sain d'encourager les gens qui travaillent avec vous, de les mettre en confiance, de leur montrer que vous aurez du plaisir à saluer leur réussite. Cela démontre en outre, vis à vis des tiers et plus spécifiquement du haut management, que vous avez pleine confiance en vos troupes. Il est toujours très bien vu, à Microsoft, de laisser des « gamins » assurer la présentation d'un projet, même devant Bill Gates en personne. Ce n'est pas si courant dans le monde de l'industrie des hautes technologies où l'on a plutôt tendance à présumer que le manager est celui qui sait le plus et qu'à ce titre, c'est lui qui doit être le plus proche du grand patron. Pourtant, Microsoft démontre régulièrement que la démarche inverse peut aussi très bien fonctionner !

Soyez souple ou flexible parce que votre job évolue en permanence. Dans l'industrie des hautes technologies, le paysage évolue à toute vitesse. Il importe de se tenir toujours prêt à se renouveler et à s'adapter à de nouvelles exigences. Ce que j'appellerais se rafraîchir les idées. Ceux qui réussissent sont ceux qui fuient la routine et se montrent toujours disposés à absorber de nouvelles connaissances le plus rapidement possible. Il est impossible de se reposer sur ses acquis, sous prétexte que cela fonctionne correctement. Si vous ne regardez pas vers l'avant, d'autres le feront avant vous et vous serez vite dépassé.

Un précepte souvent négligé, ceux qui ont assisté à des présentations professionnelles savent ce que je veux dire : « Faites des analyses, pas de la présentation de données. » En effet, bien souvent, j'y ai assisté moi-même à de nombreuses reprises avec toujours le même étonnement, celui qui est chargé de la présentation se contente d'exposer les données, faire défiler les chiffres, asséner les statistiques brutes. Et à l'issue de sa présentation qui peut durer une trentaine de minutes, il affiche la mine satisfaite de celui qui a accompli un travail remarquable alors qu'il n'a quasiment rien fait d'utile.

Il faut donner du sens à ces informations, c'est cela que l'on attend de vous. Une analyse pertinente qui débouche sur quelque chose d'intéressant : un constat, des propositions. Il faut partir du principe selon lequel, lorsque quelqu'un, quel que soit son rang, prend sur son temps de travail – et le temps est une denrée très précieuse chez Microsoft – pour assister à un meeting, c'est au moins pour pouvoir en tirer quelque chose. Par conséquent, venir à un meeting et, surtout, faire déplacer des gens, pour leur présenter des données qui auraient très bien pu leur être envoyés par e-mail, est pour le moins ridicule et irrespectueux à mon sens.

Il importe donc, à partir de ces données brutes, de se livrer à des analyses, démontrant ainsi quelle est la valeur ajoutée que l'on apporte aux informations, pour ne pas donner l'impression à ceux qui sont venus vous écouter qu'ils auraient aussi bien pu vous « court-circuiter » et obtenir ces données par eux-mêmes, d'une manière ou d'une autre.

Une autre leçon que j'aime beaucoup : « Recrutez des gens plus intelligents que vous. » Voilà à mon sens un conseil tout à fait judicieux mais hélas trop peu suivi, beaucoup de responsables craignant généralement de s'entourer de collaborateurs qui en savent plus qu'eux ou sont plus brillants, probablement parce qu'ils appréhendent d'être supplantés. C'est à mon avis une erreur. Lorsque l'on a une certaine confiance en soi, il n'est pas nécessaire de tout savoir, tout connaître.

Ce qui importe avant tout, ce que l'on attend de vous, c'est de pouvoir donner à vos collaborateurs les moyens de travailler pour le bien de tous, celui du groupe de travail comme celui de l'entreprise. Quand vous recrutez des gens que vous estimez (et qui s'estiment) plus intelligents que vous, c'est une manière d'affirmer votre confiance en vous, et ils détectent généralement très bien que vous n'êtes pas effrayé, a priori, par leur aura intellectuelle. Ils vous regardent dès lors comme un allié et ne font rien pour vous porter préjudice, bien au contraire.

Je m'appuie en cela sur plusieurs exemples vécus à Redmond. Il m'est arrivé en effet, à plusieurs reprises, de recruter des gens que j'estimais, en toute modestie, plus intelligents que moi et je n'ai jamais eu à le regretter, tant ils ont apporté à l'équipe. Poussant plus loin encore le raisonnement, j'aurais tendance à ajouter que, quand bien même ils feraient mieux que vous et vous surpasseraient au point de prendre votre place, il y a de toute façon, au moins chez Microsoft, une place pour chacun. Il n'y a guère que dans les organisations rigides où cela pourrait poser un réel problème. Quoiqu'il en soit, je suis persuadé de la validité de ce précepte pour faire avancer une entreprise ambitieuse et performante.

Un principe simple mais que j'affectionne particulièrement : en tant que leader d'une équipe, il faut savoir accepter d'endosser la responsabilité totale de l'échec d'un projet dont vous aviez la charge et ce, même si vous estimez que c'est l'un de vos subordonnés qui est à l'origine de cet échec. Un leader ne doit pas chercher à répartir, diluer une responsabilité qui, de toute manière et en dernière analyse lui incombe, mais plutôt travailler à corriger la situation au plus vite.

Corollaire du précédent, le principe de management qui consiste à donner la responsabilité d'un projet à une seule personne. Il s'agit d'éviter les responsabilités collégiales dans lesquelles la responsabilité de chacun est diluée dans celle du groupe. C'est en effet contre-productif dans la mesure où chacun va avoir tendance à rejeter sa propre responsabilité sur les autres, se défausser. Il est donc indispensable qu'une personne soit clairement désignée pour assumer la responsabilité pleine et entière du projet. C'est toujours ainsi que cela fonctionne chez Microsoft et nul n'a jamais eu à s'en plaindre en terme d'efficacité. D'emblée, le leader du projet sait qu'il en assumera toute la responsabilité, c'est d'ailleurs l'un des aspects du job de Program Manager que je connais bien.

Pour s'en tenir justement à ce que je connais, à savoir la situation telle qu'elle se présente chez Microsoft, la responsabilité de Chef de projet est d'autant plus difficile à assumer jusqu'au bout que l'on travaille avec des gens qui n'appartiennent pas nécessairement à son propre groupe, selon le principe du « cross functional group ». Pour des raisons d'efficacité, le leader du projet va aller chercher les éléments qui lui semblent les meilleurs pour mener à bien son travail en « empruntant » à ses collègues managers, avec leur accord, tel ou tel de leurs collaborateurs, ce qui rend le challenge encore plus difficile.

En effet, ces employés que le Program Manager essaie de recruter de manière provisoire au sein d'autres équipes, ont déjà, bien évidemment, d'autres tâches dans leur agenda. Ils ne vont pas travailler sur ce nouveau projet à plein temps et peuvent être tentés de lui accorder une priorité moindre. Ou encore, leur propre manager peut leur confier d'autres tâches à accomplir, sans que parfois le Program Manager qui a sollicité ces employés soit au courant. C'est là que le talent du manager doit s'exprimer pour amener tout le monde à travailler ensemble et mener le projet à son terme dans les meilleurs délais. Et lui seul sera tenu pour responsable en cas d'échec, c'est la règle. J'ajouterai que le problème est compliqué par le fait qu'un manager ne gère jamais un programme à la fois mais plusieurs. Le job de manager n'est donc pas de tout repos !

Autre précepte à méditer et surtout appliquer en toutes circonstances : « Soyez concis, soyez simple, soyez bref ». Je pense ici, plus particulièrement, aux e-mails qui constituent le mode de communication privilégié chez Microsoft comme dans d'autres entreprises. A partir d'un certain niveau de responsabilité, le nombre d'e-mails reçus se compte en centaines, voire en milliers ! Et il faut obligatoirement les lire, ou au moins, dans un premier temps, les « scanner » car leur contenu peut apporter une information cruciale pour résoudre un problème, ou appeler à un meeting avec Bill Gates sans que le titre soit forcément très révélateur du contenu. Il importe donc que chacun y mette du sien en faisant preuve de concision, en allant droit au but. Et puis, surtout, éviter d'adresser systématiquement une copie à des destinataires qui n'en ont que faire !

Nombreux sont les employés qui, probablement soucieux de montrer le volume de travail qu'ils ont abattu se croient obligés d'adresser systématiquement à leur manager copie de chacun de leurs e-mails ! Rien de tel pour irriter le manager en question lorsque l'information n'est pas pertinente pour lui alors qu'il croule déjà sous les e-mails. Le même principe s'applique d'ailleurs à toute forme de communication. Comme je l'ai déjà mentionné, les meetings, chez Microsoft en tout cas, sont généralement brefs mais denses. Pas de « bla bla » inutile.

La réussite est un mauvais maître. Cette maxime, je la tiens directement de Bill Gates lui-même, qui déclare volontiers : « success is a lowsy teacher ». Pourquoi ? Tout simplement parce que, quand on réussit, que tout va très bien – et c'est arrivé parfois chez Microsoft – on pourrait être tenté de se croire invincible et de baisser sa garde, son niveau de vigilance en ne se préoccupant plus avec la même acuité de la compétition, en ne surveillant plus la concurrence.

Il faut se méfier de cette euphorie qui conduit rapidement à une forme d'arrogance, très nuisible pour une entreprise. Chez Microsoft encore une fois, et quand bien même la compagnie avait connu l'ascension fulgurante que l'on connaît, le message quasi quotidien qui était véhiculé mettait l'accent sur le caractère temporaire de cette réussite, sur la nécessité de rechercher en permanence les moyens de la pérenniser. Je peux dire que, dans l'agenda Microsoft, ce précepte a toujours constitué la priorité numéro un. Le danger était que le personnel, fort des nombreux succès de la compagnie, se relâche et devienne ce qu'ils appellent « confortable », c'est-à-dire qu'il s'installe dans une espèce de confort factice et dangereux car démobilisateur, une situation où l'on est tenté de se croire invisible et invincible.

Il faut savoir rester petit, sinon tout petit. Cela veut simplement dire que, lorsque l'entreprise grandit, ce qui est après tout l'ambition de n'importe quelle entreprise et Microsoft offre l'exemple d'une croissance accélérée, se développe en taille, en volume, il est nécessaire de la rediviser en petites unités, en petites structures, pour qu'elle reste flexible, souple, ce qui représente un gage d'efficacité. On a longtemps admiré et vanté, chez Microsoft, le fait que la compagnie soit gérée comme une start-up ou, plus exactement, comme un groupe de start-up. Ce n'est hélas plus tout à fait vrai actuellement, probablement parce qu'au-delà d'une certaine taille, ce que j'appellerais une taille critique, cela devient sinon impossible, du moins de plus en plus difficile. Je ne suis pas convaincu outre mesure par cet argument. Je crois que l'efficacité est vraiment à ce prix, quelle que soit la taille de la société.

Toujours rechercher, autant que possible, les « win-win deals », les situations de gagnant-gagnant. Bien souvent, la compétition est tellement féroce, surtout dans ces industries de haute technologie, que l'on a tendance à raisonner comme si la victoire de l'un entraînait automatiquement la défaite de l'autre : si je gagne, tu perds, si tu gagnes, je perds. C'est ce qu'on appelle une situation de « zero-sum game » parce que le gain de l'un des joueurs correspond à une perte équivalente pour son adversaire.

Dans le monde des affaires, raisonner ainsi est bien souvent un mauvais calcul. Il est beaucoup plus intéressant et bénéfique à long terme, de rechercher, à chaque fois que cela est possible, une situation de win-win. Il convient avant tout, pour y parvenir, de se mettre à la place de l'autre partie et se poser la question de savoir ce que l'on ferait, comment on agirait si on était à la place de l'autre, quel deal pourrait nous intéresser et partir négocier en ayant tout cela à l'esprit. La méthode n'est pas infaillible, évidemment. Mais le respect de l'autre permet bien souvent, tous les négociateurs vous le diront, de parvenir à un accord satisfaisant pour les deux parties, un partenariat efficace et productif dans lequel chacun gagne quelque chose, même si ce n'est pas forcément du 50%-50%. Un des exemples les plus significatifs de deal *win-win* reste à mes yeux celui qui a réuni, il y a quelques années, Microsoft et Apple, pourtant un de ses plus féroces concurrents, et que j'ai évoqué précédemment. Mais il y en a eu bien d'autres.

***

Comme il faut bien conclure et bien que la liste de ces leçons de management directement inspirées de mon long passage chez Microsoft soit quasi illimitée, j'en citerai une dernière, également significative à mes yeux, et selon laquelle toute procédure peut être améliorée. Imaginons que l'on vous présente un système expert dont les performances sont très impressionnantes, l'erreur serait de le contempler avec ravissement, s'extasier sur ses capacités et s'en contenter.

Il faut toujours avoir à l'esprit que ce système peut être amélioré même si, de prime abord, cela ne semble pas être le cas. De toute façon, chez Microsoft, tout le monde serait surpris si, en qualité de salarié de l'entreprise, vous estimiez le système parfaitement abouti et définitif. C'est en totale contradiction avec la philosophie de la compagnie qui recrute précisément les gens pour qu'ils viennent défier ce qui a déjà été réalisé, ce qui est en place, et non pour distribuer des louanges improductives en se croisant les bras. C'est d'autant plus vrai qu'il n'est même pas très bien vu de s'appesantir longuement sur ce qui a été considéré comme un succès, comme une réussite de la compagnie. Il est beaucoup plus productif, motivant, stimulant de s'arrêter sur les échecs pour tenter d'en analyser les causes et envisager l'avenir sous l'angle du progrès, des améliorations que l'on pourrait apporter à ce qui existe déjà, ou de ce qui reste encore à créer. Cette procédure s'appelle « post-mortem », tout un programme !

Avec le Président L. Gbagbo et L. Bourthoumieux

Avec le Président A. Wade en 2004

L'Université Virtuelle Africaine

Le projet d'Université Virtuelle Africaine, en abrégé UVA, a été lancé par un responsable de la Banque mondiale, un burundais qui s'appelle Étienne Baranshamaje. Il estimait que, si nous utilisions les technologies modernes à notre disposition, et notamment l'Internet, pour diffuser des cours, il deviendrait possible de former, à terme, une masse, ce que j'appellerai une masse critique d'Africains. Le double intérêt du projet consistant en ce que la formation s'effectuerait à moindre coût, tout en pouvant toucher une partie non négligeable de la population africaine grâce à des méthodes pédagogiques innovantes.

Pour employer une terminologie plus politique, au sens noble du terme, il s'agissait de s'attacher à combler le fossé numérique existant entre l'Afrique et le reste du monde. Ce sont ces idées, au demeurant très séduisantes, qui ont présidé au lancement du projet de l'UVA en 1997. J'ajouterai que le projet UVA n'aurait pu voir le jour sans le soutien et l'implication personnelle de James Wolfensohn, alors président de la Banque mondiale qui a réellement pesé de tout son poids pour obtenir le soutien de cet organisme, malgré la réticence d'un certain nombre de responsables qui ne croyaient pas à la faisabilité du projet, et encore moins à sa viabilité.

À titre personnel, c'est vers le milieu de l'année 2000, soit trois ans plus tard, que j'ai été sollicité par la Banque mondiale qui estimait que, compte tenu à la fois de mon background et de ma position chez Microsoft, j'étais susceptible d'apporter une contribution importante au développement et à l'expansion de l'UVA. Je dois préciser ici que, dès l'origine, et malgré le talent d'Étienne Baranshamaje, certains responsables de la Banque mondiale considéraient qu'il n'était pas en mesure de porter le projet à une vitesse supérieure, lui faire acquérir tout le rayonnement souhaitable. C'est pourquoi ils ont entrepris de solliciter d'autres personnalités pour jouer un rôle, tant au plan technique pour la mise en œuvre du projet, que pour faire du relationnel et lever les fonds nécessaires au développement de l'UVA.

C'est donc dans ce cadre-là que j'ai été contacté. Je tiens à souligner une fois encore, pour qu'il n'y ait pas de confusion, que, contrairement à ce que j'ai pu lire parfois ici ou là, c'est bien Étienne Baranshamaje qui est le père de l'UVA et non moi-même, même s'il est vrai qu'il n'avait mis sur pied que le projet pilote, dans les locaux de la Banque mondiale à Washington, sans que les cours aient véritablement débuté. On attendait donc de moi que j'accompagne le projet dans sa phase opérationnelle de développement.

À ce titre, il m'a d'ailleurs été demandé d'envisager la possibilité de me mettre en congé de Microsoft, de prendre une disponibilité afin de diriger à temps complet le projet UVA. À dire vrai, la Banque mondiale souhaitait même me « débaucher » pour que je me consacre pleinement à l'UVA. Pour très flatteuse que soit cette proposition, j'ai toutefois estimé que je servirais mieux l'UVA en restant chez Microsoft, ce qui me permettrait d'utiliser les atouts considérables qu'offrait la compagnie et son prestige, sa crédibilité, ne serait-ce que pour lever des fonds auprès d'éventuels bailleurs. En conséquence, et même si cela me compliquait singulièrement la tâche, j'ai fait le choix, dans un premier temps, de rester en poste chez Microsoft tout en collaborant avec l'UVA.

J'allais toutefois, un peu plus tard, être amené à prendre une année de disponibilité qui, bien que représentant un substantiel sacrifice financier, m'apporterait beaucoup sur le plan personnel et humain, tant le projet à mener était passionnant et stimulant. L'UVA traversait alors une période délicate – son directeur, dont nous allons parler ci-dessous ayant dû quitter ses fonctions – et il était important, ne serait-ce que vis-à-vis des donateurs, que je sois présent à temps complet pour, à la fois me mettre en quête d'un nouveau directeur, mais aussi ne pas laisser une impression de vide à la tête de l'UVA dont l'effet aurait été désastreux. Et je crois pouvoir dire que cette période a été particulièrement riche en voyages, rencontres et, ce qui importe encore davantage, en résultats significatifs en matière de levée de fonds.

Mais revenons à l'année 2000. Notre première tâche a consisté à recruter le premier dirigeant de l'UVA. Au terme de ces séances de recrutement, notre choix s'est finalement porté sur Cheick Modibo Diarra, qui avait la particularité, outre le fait, bien sûr, d'être africain, de travailler pour la NASA. J'avoue avoir pesé de tout mon poids pour faire admettre à mes collègues qu'il était le meilleur candidat pour cette fonction. Pour être tout à fait exact, je me dois de préciser qu'un autre candidat l'avait en réalité emporté à la suite de cette sélection, mais

Cheick Modibo Diarra a finalement été retenu en raison notamment de sa notoriété internationale.

Quoiqu'il en soit, à partir du moment où le poste de dirigeant de l'UVA est pourvu, je n'assume plus de rôle officiel en tant que tel, sinon celui qui consiste à participer à son lancement en Afrique. Comme je l'ai indiqué précédemment, l'UVA fonctionnait à l'origine dans les locaux de la Banque mondiale, ce qui impliquait que la diffusion des cours se fasse à partir des locaux de cet organisme. Pour passer à la vitesse supérieure, il convenait dans un premier temps de délocaliser l'UVA pour en faire ce qu'elle se devait d'être, un projet africain en Afrique. Et c'est là qu'intervient le réseau de relations qui s'est créé autour du projet.

Une fois recruté le directeur de l'Université Virtuelle Africaine, en l'occurrence Cheick Modibo Diarra, on me demande d'être candidat à la présidence du conseil d'administration, fonction à laquelle, pour être sincère, je n'avais jamais pensé. Je fais d'ailleurs savoir à ceux qui me sollicitent que, si je suis très flatté de la confiance dont ils m'honorent, je ne suis pas un universitaire et qu'à ce titre je ne pense pas avoir les compétences nécessaires pour assumer cette tâche. Ce à quoi l'on me rétorque que c'est précisément parce que l'UVA est un projet innovant, futuriste, que le candidat souhaité doit avoir un profil de novateur, être capable d'apporter une vision et des conceptions originales et qu'il n'est en rien nécessaire qu'il s'agisse d'un universitaire. Je me range finalement à leurs arguments et accepte d'être candidat et je suis élu, parmi trois candidats – les deux autres étant de respectables recteurs d'université – avec 60% des suffrages. J'avais axé ma brève « campagne » sur le fait que, sincèrement, ni ma formation, ni mes écrits n'avaient de « parfum universitaire ». En revanche, à la différence de mes adversaires, je possédais une connaissance directe des ressorts de l'action. Visiblement, le message a été entendu.

Me voilà donc PCA, c'est-à-dire, président du conseil d'administration de l'UVA. A partir de cet instant, mon rôle consiste surtout en ce qu'il est convenu d'appeler du « fundraising », c'est-à-dire la levée des fonds. Je deviens une sorte de super VRP de l'UVA, chargé de la faire connaître sur la scène internationale... et chez Microsoft, bien sûr ! Pour expliquer la viabilité du projet, je m'appuie largement sur le savoir technologique et l'expérience managériale acquis à Microsoft. C'est d'ailleurs probablement ce que les promoteurs du projet attendaient de moi.

À Redmond, siège de Microsoft, je m'empresse bien sûr de parler de l'UVA à un maximum de collaborateurs de la compagnie, leur expliquant l'importance cruciale de l'éducation en Afrique, véritable fer de lance du développement, sans omettre de souligner, car c'est très important à mes yeux, qu'il ne s'agit pas de faire de la charité, que la finalité du projet n'est pas celle-là. J'insiste au contraire sur la possibilité de créer une situation de *win-win* justement, entre Microsoft et l'Afrique. Je contacte aussi de nombreux organismes internationaux, à commencer bien entendu par la Banque mondiale qui, la première, m'avait sollicité, pratiquant un lobbying actif afin de récolter les fonds nécessaires au développement de l'UVA.

Quoiqu'il en soit, nous réussissons finalement à obtenir des sommes importantes, non seulement de la Banque mondiale qui était notre premier bailleur, mais également d'un organisme canadien, l'ACDI (association canadienne de développement international), à hauteur de douze millions de dollars, du DFID (Department for International Development) qui est l'organisme de développement international du gouvernement britannique, ou encore, grâce à la précieuse intervention de James Wolfensohn, australien d'origine comme chacun sait, de l'AusAID, organisme gouvernemental australien d'aide au développement et de son équivalent américain, l'USAID.

À toutes ces aides internationales importantes, vient s'ajouter une contribution de la Banque africaine de développement, à hauteur de huit millions d'euros, dont je dois dire qu'elle me fait particulièrement plaisir. L'idée qu'une banque africaine puisse s'investir, dans ces proportions-là, dans un projet africain est beaucoup plus que symbolique.

Le projet est dès lors sur de bons rails et l'UVA peut croître et former des africains, toujours plus nombreux, formation au terme de laquelle, et c'est l'objectif recherché, bien sûr, ils sont capables d'être immédiatement opérationnels. Il ne s'agit pas en effet d'aller à l'école pour suivre un enseignement purement théorique, cela n'aurait pas de sens dans un projet de développement. Les témoignages d'un certain nombre d'étudiants qui sont passés par l'UVA nous rassurent d'ailleurs tout à fait quant à la réalisation de cet objectif et l'adéquation de l'enseignement proposé avec les attentes des entreprises.

Concrètement, les choses se déroulent de la manière suivante. Il y avait, jusqu'à l'année dernière – mais l'UVA est en perpétuelle extension – une cinquantaine de centres répartis dans vingt-cinq pays d'Afrique. Pour s'imaginer à quoi ressemble un centre UVA, il faut se représenter une salle de classe disposant d'un tableau, d'une série d'ordinateurs connectés à Internet et d'une antenne pour la transmission par satellite. Les cours sont dispensés via le satellite, précisément, par un professeur qui peut être en Amérique du Nord, en Australie, ou sur n'importe quel point du globe, peu importe. Et bien entendu, chacun des centres connectés est en mesure de recevoir ces cours. A cela s'ajoutent des cours sur vidéocassettes, sur CD-ROM ou sur le Web. Le tout étant supervisé par des « facilitateurs » africains, académiquement formés, qui gèrent les classes et encadrent les étudiants. Il existe des cours en anglais, les plus nombreux, mais aussi en français et même en portugais, à destination des populations lusophones d'Afrique.

S'agissant des cours francophones, l'un des partenaires de l'UVA n'est autre que la prestigieuse université canadienne Laval qui assure aux étudiants africains une formation diplômante, couronnée par un « Bachelor », l'équivalent d'une licence. Même si, actuellement, l'essentiel des cours provient des pays du Nord, notre projet est, qu'à moyen ou long terme, de prestigieuses universités africaines se joignent au mouvement, réalisant une combinaison à mon sens non seulement chargée de symboles mais aussi très enrichissante.

L'enseignement dispensé dans les centres de l'UVA s'adresse principalement à deux catégories de personnes, à travers deux types de cursus. D'un côté, une formation diplômante qui s'adresse aux élèves titulaires du baccalauréat, qui choisissent l'UVA pour poursuivre leurs études supérieures pour différentes raisons, le plus souvent économiques, parce qu'ils n'ont pas les moyens de partir étudier à l'étranger par exemple.

De l'autre côté, un enseignement qui s'adresse à des professionnels qui souhaitent se perfectionner dans un domaine particulier, tel que l'informatique, et qui ont la possibilité de suivre un module qui sera sanctionné par un certificat. Ce qu'il est important de noter et qui n'a pas toujours été bien perçu dès l'abord, c'est que l'UVA n'a jamais eu pour ambition de se substituer à l'université traditionnelle mais plutôt de la compléter, en donnant accès à l'enseignement à des personnes rejetées par le système traditionnel, faute de places disponibles ou de moyens financiers.

On peut légitimement se faire la réflexion qu'après tout, cinquante centres pour l'ensemble de l'Afrique, c'est tout de même relativement peu. Si l'on considère que vingt-cinq pays accueillent des centres d'enseignement de l'UVA, cela nous donne une moyenne de deux centres par pays. Mais il ne faut pas perdre de vue que le projet UVA se développe graduellement, au fur et à mesure que des fonds lui sont alloués et que la multiplication des centres et du nombre de pays d'accueil permettra des économies d'échelle significatives. D'où l'importance d'atteindre ce que j'appellerai une masse critique pour pouvoir réellement faire la différence et atteindre pleinement les objectifs fixés. Car si nous nous contentions de former un millier de personnes sur un continent qui en compte huit cent millions, cela ne représenterait rien, l'impact serait négligeable. Voilà pourquoi l'UVA est en permanence à la recherche de fonds pour atteindre cette masse critique qui lui permettra d'atteindre sa vitesse de croisière et, à terme, de s'autofinancer.

En 2003, on estimait à environ cinquante mille le nombre d'étudiants à être passés par l'UVA et avoir sanctionné leurs études, sous la forme soit d'un diplôme proprement dit, soit d'un certificat. Et parmi ces cinquante mille étudiants, on compte pas moins de 40% de femmes, ce dont je ne suis pas peu fier quand on sait que dans nombre de pays d'Afrique, les filles n'ont pas accès à l'école ! Et pourtant, une étude tout à fait sérieuse et fiable réalisée par Gene Sperling, ancien conseiller économique du Président Clinton, a démontré qu'il était plus « rentable » d'investir dans l'éducation d'une jeune fille en Afrique que dans celle d'un jeune garçon. En effet, la jeune fille est beaucoup plus soucieuse de se prémunir contre les maladies contagieuses et, lorsqu'elle a un enfant, elle se soucie davantage de son état de santé que ne le fait le père, sans compter qu'elle l'encourage volontiers à aller à l'école.

Pour en revenir à Étienne Baranshamaje, j'ajouterai que, lorsqu'est venu le moment où nous cherchions à former le conseil d'administration, je l'ai sollicité, pensant qu'il lui revenait de droit, en qualité de fondateur de l'UVA, un poste de président d'honneur. Il a toutefois décliné mon offre, sans qu'il me soit possible de connaître véritablement les raisons de son refus. Je dois préciser que je le connais très peu. Tout au plus, ai-je entendu dire qu'il reprochait à la Banque mondiale de ne pas lui avoir donné les moyens nécessaires au développement de son projet, au moment où il l'a conçu. Certaines personnes prétendent également qu'il entendait en faire un projet personnel et qu'il aurait mal supporté le fait que d'autres personnes s'en mêlent, étant, qui plus est, assez peu flexible de nature. Ce ne sont évidemment que des rumeurs mais toujours est-il qu'il s'est refusé par la suite à jouer quelque rôle que ce soit au sein de l'UVA.

Quoi qu'il en soit, le projet continue à fructifier et susciter l'intérêt d'un nombre croissants d'Africains. Ce qui fait encore défaut, outre un financement qui doit se renouveler en permanence, c'est le soutien d'organismes internationaux reconnus pour s'impliquer activement dans les questions de développement, comme l'UNESCO par exemple. A l'heure actuelle, l'UVA entretient néanmoins quelques rapports avec l'UNESCO grâce à ma collègue Mme Aïcha Bah Diallo qui y travaille comme Sous-directrice générale pour l'éducation, sans oublier de mentionner que j'y ai été invité plusieurs fois pour parler, justement, de l'UVA. Mais nous n'avons pas obtenu, à ce jour, le soutien formel de cette prestigieuse institution qui donnerait immédiatement une autre ampleur à notre action. Je garde bon espoir que cela se fasse un jour.

Concernant les fonds obtenus grâce aux contributions de divers donateurs, ils servent principalement, comme on s'en doute, à créer des centres d'enseignement, acquérir du matériel informatique mais aussi, dans une certaine mesure, payer les cours aux organismes qui les dispensent et qui consentent généralement des conditions très avantageuses aux étudiants de l'UVA. Le système de paiement des cours fonctionne de la façon suivante. Prenons l'exemple d'un cours de gestion qui, dans une école de gestion réputée, en Amérique du Nord, reviendrait annuellement à vingt mille dollars. Le même cours coûtera, dans le cadre de l'UVA, moins de mille dollars.

De même, notre partenariat avec l'Université canadienne Laval garantit que le prix de revient d'un cours, d'un module est inférieur à mille dollars, en l'espèce, neuf cents dollars pour être précis. A titre de comparaison, si l'étudiant africain devait aller étudier sur place, le même cours lui reviendrait, voyage et séjour compris, à environ vingt mille dollars ! Alors, certes la somme de neuf cents dollars pour l'année n'est pas à la portée de tous les étudiants africains, mais il convient de relativiser et d'avoir à l'esprit les chiffres cités ci-dessus pour prendre toute la dimension de ce qu'apporte l'UVA. J'ajouterai au surplus que les étudiants peuvent, sous certaines conditions, obtenir une bourse d'étude et que dans ce cas, c'est l'UVA qui s'acquitte auprès de l'Université du montant des cours, ceux-ci étant, quoiqu'il en soit, facturés, dans le cas de l'Université Laval, neuf cents euros par matière.

Outre l'Université Laval, je peux citer, parmi les partenaires de l'UVA, le Royal Melbourne Institute of Technology (RMIT) ou des universités américaines telles que Georgetown, ou encore le New Jersey Institute. D'une manière générale, c'est l'Amérique du Nord qui fournit le principal contingent de partenaires de l'UVA. Il faut reconnaître qu'à l'origine, le projet UVA est parti d'une idée anglophone, ce n'est pas douteux. Et qu'en outre, lorsque nous avons quitté les locaux de la Banque mondiale pour nous installer en Afrique, le siège social a été implanté à Nairobi, au Kenya, pays anglophone comme chacun sait. Nairobi possède d'ailleurs actuellement trois centres d'enseignement, alors que la moyenne s'établit généralement à deux centres par pays participant au programme.

Toutefois, la bonne nouvelle, c'est qu'il existe aujourd'hui à peu près autant de centres d'enseignement francophones qu'anglophones. Citons par exemple les centres implantés au Sénégal, en Mauritanie, au Cameroun (le plus récent), ou encore au Bénin et la liste est loin d'être exhaustive. Qui plus est, j'ai eu le plaisir et le privilège, en tant que Président du conseil d'administration de l'UVA, de signer, à Montréal, un accord de partenariat avec le Président Diouf, qui, en sa qualité de Secrétaire général de la Francophonie, représentait l'Agence Universitaire de la Francophonie dont l'action n'est pas très éloignée de la nôtre dans la mesure où elle propose, à destination des pays francophones, un véritable campus numérique qui s'enorgueillit de la collaboration de plusieurs centaines d'établissements d'enseignement supérieur et de recherche.

Il nous est donc apparu possible de dégager un certain nombre de synergies au bénéfice des étudiants africains puisque l'AUF dispose déjà d'un nombre important de sites d'enseignement, de campus numériques selon leur terminologie, en Afrique francophone qui constituaient jusque-là notre maillon faible. Ces unités dispensent d'ailleurs cours et diplômes, comme nous le faisons nous-mêmes. Aux termes de cet accord, l'UVA a accès, par exemple, à la bibliothèque numérique de l'AUF, très riche en documents de grande qualité et met, en retour, ses infrastructures et son expertise technique en matière de connexions Internet et via le satellite à la disposition de son partenaire.

Voilà quelques-unes des actions que j'ai menées durant mon passage à la tête du conseil d'administration de l'UVA, de 2001 à 2005. A l'issue de cette période, je n'ai pas souhaité solliciter un nouveau mandat, estimant qu'il était temps de passer la main, ce qui fut fait et, j'ose le dire, fort bien fait, puisque c'est aujourd'hui madame Huguette Labelle, une femme exceptionnelle que je porte en grande estime, ancienne vice-ministre du Canada et présidente de Transparency International, un organisme qui lutte contre la corruption, mais aussi de l'université d'Ottawa, et par ailleurs ancienne présidente de l'ACDI (association canadienne de développement international), déjà mentionnée dans ce chapitre, qui m'a succédé. Je continue néanmoins à siéger au conseil d'administration en qualité de membre ordinaire et poursuit, autant que mon emploi du temps m'en laisse l'occasion, mes actions de lobbying, de fundraising. Plus généralement, j'essaie, chaque fois que possible, de me rendre utile à la cause de l'UVA qui est réellement un projet passionnant et porteur de réels espoirs pour le continent africain.

***

Un mot pour conclure, et c'est bien la moindre des choses, dans le cadre d'un ouvrage consacré à « mes années Microsoft », sur le soutien apporté par la compagnie à l'UVA. Microsoft a d'abord apporté, ce que j'appellerai une contribution technique, en aidant à mettre en place tout ce qui concernait les logiciels nécessaires pour pouvoir accompagner cette formation. Je me dois d'ajouter que, tous les logiciels qui ont été fournis par Microsoft, l'ont été à titre gracieux, ce qui est loin d'être négligeable comme on peut le concevoir aisément.

Mais au-delà de cette contribution concrète et directement visible, j'ajouterais que Microsoft a aussi, par son action, son engagement, favorisé une prise de conscience de l'importance de l'éducation en Afrique grâce aux moyens technologiques modernes. En quelque sorte, Microsoft a donné le ton, tant et si bien que d'autres compagnies, je citerai Hewlett Packard mais il y en a beaucoup d'autres, ont suivi son exemple. J'ai en mémoire le voyage de Bill Gates en Afrique où, abandonnant pour l'occasion la casquette Microsoft pour celle de l'UVA, j'ai eu l'opportunité de présenter notre action et d'insister à nouveau sur le rôle moteur de l'éducation en Afrique, discours qui a été très bien reçu. Il est indéniable que la caution morale, intellectuelle et technologique de Bill Gates a servi les intérêts de l'UVA.

L'Information Technology Academy

L'information Technology Academy, en abrégé IT Academy, est un programme éducatif que Microsoft a développé dans un certain nombre de pays, bien évidemment en Amérique du Nord, mais aussi en Europe, en Amérique Latine, en Asie, c'est-à-dire quasiment partout sauf en Afrique. Une telle situation ne pouvait me laisser insensible et inactif, d'autant plus que le contenu même du programme est tout à fait intéressant puisqu'il consiste à dispenser une formation sur les produits Microsoft, formation au terme de laquelle l'étudiant devient immédiatement opérationnel sur le marché de l'emploi. La plus-value est indéniable et l'expérience montre que ceux qui ont suivi le programme n'ont pas de difficulté à trouver du travail, notamment dans de grandes entreprises, pour faire de la maintenance informatique, utiliser au quotidien les logiciels Microsoft ou même réaliser des tâches de programmation. Le programme est donc complet, parfaitement au point, et très prisé sur le marché de l'emploi.

J'ai donc pensé qu'il y aurait un grand intérêt à le lancer en Afrique, ne serait-ce que pour combler un vide dans le paysage éducatif panafricain et, eu égard à ma position au sein de Microsoft, il me revenait de soumettre ce projet aux dirigeants de la compagnie. Je n'ignorais pas, toutefois, qu'il s'agissait d'un challenge, en raison de la réticence affichée par certains vis-vis de l'Afrique, fondée sur l'image négative qui en est souvent propagée. Effectivement, si beaucoup de mes contacts manifestèrent une certaine bienveillance à l'égard de mon idée, d'autres en revanche estimaient, une fois de plus, que ce type de programme n'était pas adapté à l'Afrique, et pas viable commercialement.

Les arguments avancés étaient liés, d'une part au coût de l'opération – les étudiants africains auraient-ils les moyens de se payer cette formation ? – mais aussi aux doutes sur l'existence d'infrastructures au sein des universités africaines pour accueillir ce genre de programme. Concernant le problème du coût, je dois dire qu'il est en réalité assez minime, du moins selon les critères en vigueur en Amérique du Nord ou en Europe, et même en Amérique Latine.

C'est un programme assez peu coûteux, à condition qu'il soit administré au sein des universités. Pour être tout à fait précis, la formation a aussi un volet commercial, vendu aux entreprises pour un prix évidemment largement supérieur qui permet, en contrepartie, si j'ose dire, d'offrir des conditions très avantageuses aux universités, dans un cadre académique donc, d'où l'intitulé IT Academy. Toujours est-il que, même minime, ce coût n'était pas négligeable pour un continent comme l'Afrique et que certains dirigeants de Microsoft et non des moindres, notamment un vice-président, n'y croyaient tout simplement pas, se demandant ouvertement si les Africains auraient les moyens de suivre ce programme et si, même, d'une certaine manière, il s'agissait bien là d'une priorité pour l'Afrique ! Un comble pour quelqu'un dont la mission était justement d'accompagner les efforts de la Banque mondiale en faveur des pays... en voie de développement !

En revanche, quelqu'un comme Jean-Philippe Courtois, président de Microsoft en Europe, Afrique, et au Moyen-Orient s'est tout de suite montré très positif, très enthousiaste même par rapport au projet, ce qui a indéniablement pesé dans la balance. D'autant plus que j'avais l'avantage, et même la chance, d'avoir déjà travaillé avec lui sur l'UVA, l'Université Virtuelle Africaine. Il connaissait très bien l'Afrique pour y avoir séjourné plusieurs fois et a tout de suite perçu que le programme IT Academy était non seulement intéressant mais viable pour l'Afrique.

Je disposais donc d'un allié de poids. Et c'est ainsi qu'après plusieurs discussions, on m'a finalement demandé d'aller en Afrique pour y lancer le projet IT Academy. Je ne chercherai pas à dissimuler que cela représentait pour moi, Africain, un très grand moment mais aussi une occasion unique de combattre l'image négative que traîne invariablement l'Afrique dans certains médias. Le fait d'avoir à mes côtés quelqu'un de la stature de Jean-Philippe Courtois démontrait que de très hauts responsables estimaient qu'il était possible de mettre en œuvre un programme ambitieux sur le continent africain et c'était vraiment très réconfortant.

Ce projet me tenait aussi particulièrement à cœur parce que je me suis toujours considéré, comme je me plais à le dire, comme un agent du développement de l'Afrique, même si je ne suis évidemment pas le seul, car ce continent, au-delà de ses ressources naturelles, dispose aussi de ressorts et de ressources humaines très riches et souvent méconnues, voire ignorées. J'estime tout simplement que tout africain qui est parvenu à atteindre un certain niveau, se doit de faire bénéficier de ses connaissances, de son expertise, au continent africain dans son ensemble. Le projet d'IT Academy constituait donc, en ce sens, une occasion inespérée d'apporter ma contribution, fût-elle modeste, au développement de l'Afrique.

Pour mener à bien cette mission dans les meilleures conditions, j'avais conscience qu'il me faudrait m'installer là-bas un certain temps et j'en étais absolument ravi, dans la mesure où j'aurais ainsi l'opportunité d'être un homme de terrain, ce que j'affectionne par-dessus tout. Me mettre du côté de l'action, une de mes phrases favorites, c'est-à-dire en l'espèce échanger avec les Africains pour mieux cerner leurs besoins, leurs inquiétudes et adapter le programme en conséquence. Me voilà donc promu manager du programme IT Academy pour l'Afrique. Nous sommes alors en 2004.

J'abandonne donc mon poste de Senior Manager au siège social de Microsoft, à Redmond, au sein du département Internet nouvelles technologies. C'est un peu un changement de cap, un changement d'orientation dans ma carrière. En Afrique en effet, mon rôle sera celui d'un leader, d'un « éducateur » (bien que je ne me sois jamais considéré comme un universitaire) et non plus celui d'un concepteur de logiciels. Mais le moment est très fort, comme l'est ma motivation, et la responsabilité importante puisque mon rayon d'action va s'étendre aux quarante-six pays qui constituent l'Afrique du Centre, de l'Est et de l'Ouest. Cela représente évidemment un challenge colossal dans la mesure où, pour quelqu'un qui entend être un homme de terrain, l'idéal serait de pouvoir se rendre dans chacun de ces pays pour dialoguer directement avec les personnes concernées.

Une fois arrivé en Afrique, il me faut choisir un « camp de base ». Mon choix se porte sur la Côte d'Ivoire, même si la facilité aurait voulu que je m'installe plutôt en Afrique du Sud où Microsoft dispose déjà d'infrastructures importantes et d'un personnel nombreux. Si j'ai choisi la Côte d'Ivoire, c'est d'abord parce qu'elle occupe une position plus centrale, mais aussi parce que j'estimais que, si les évènements qui s'y déroulaient à cette époque étaient graves, il était important de montrer que des gens continuaient à y vivre, y travailler, et que des projets pouvaient s'y monter, avec un Africain à leur tête de surcroît.

En ce sens aussi, ce choix s'est avéré très positif parce que j'ai pu lancer dix centres IT Academy dans ce pays, soit plus de 5% du nombre total de centres créés dans les pays qui ont adopté le programme. Ce qui n'a bien sûr pas empêché les événements de suivre leur cours tragique dans le pays, avec leur lot d'agitation politique et d'émeutes, à tel point que j'ai dû, pendant une courte période, me résoudre à me laisser évacuer. Mais j'ai tenu, dès que cela s'est avéré possible, à rentrer en Côte d'Ivoire, contre l'avis même de Microsoft, je dois le dire, qui me mettait naturellement en garde contre les risques encourus. Néanmoins, la décision finale m'appartenant, j'ai choisi de revenir, après une courte absence de deux semaines environ, après les évènements de novembre.

Une fois le programme mis sur pied et lancé, je n'ai eu de cesse de voyager à travers l'Afrique pour aller au-devant des gens, et pas seulement les dirigeants mais aussi et surtout les universitaires et les étudiants, pour tenter de comprendre leurs besoins, leurs attentes. Ce dialogue avec les universitaires revêtait une importance particulière puisqu'ils avaient la latitude de décider si, oui ou non, ils pouvaient adopter le programme, sans avoir besoin de recourir à leurs dirigeants respectifs.

Il faut bien avoir à l'esprit que les centres IT Academy étaient installés au cœur même des universités, même s'il arrivait qu'ils en soient détachés géographiquement. Le programme présentait quelques avantages importants, dont celui d'une grande flexibilité, chaque centre ayant le droit de recruter autant d'élèves qu'il le souhaitait mais aussi de décider du coût des cours dispensés. Une explication s'impose ici. Pour adhérer au programme et bénéficier du label IT Academy, l'institution versait une certaine somme qui servait à couvrir les frais administratifs. A la suite de quoi, Microsoft détachait sur place deux de ses employés pour assurer la formation de formateurs africains pendant un certain temps, à l'issue duquel l'institution prenait le relais et devenait opérationnelle. Elle était alors libre d'investir pour former encore plus de formateurs, avec l'espoir de récupérer cet investissement initial en accueillant un grand nombre d'étudiants.

Un autre volet de cette grande souplesse voulue par les promoteurs du projet, était la présentation des cours sous forme de modules autonomes, laissant à l'étudiant la possibilité de composer son propre menu d'enseignement. L'expérience a vite démontré que, tant les universités que les étudiants misaient prioritairement sur le module n°1, pourtant le plus cher, qui consistait en une formation, non seulement sur des produits Microsoft standards comme Word ou Excel, mais aussi dans des domaines très prisés comme la programmation ou la maintenance des réseaux. Enfin, atout supplémentaire non négligeable, l'IT Academy bénéficiait de synergies avec l'UVA (et réciproquement, bien sûr), surtout en matière d'infrastructures, dans la mesure où un certain nombre de centres d'enseignement étaient communs.

Encore une fois, ce programme très concurrentiel en termes tant de qualité de la formation que de faiblesse des coûts de revient était destiné exclusivement aux universités, un autre volet, plus commercial et donc plus cher étant vendu aux entreprises ou structures privées intéressées.

Quoiqu'il en soit, ainsi conçu, le programme IT Academy s'appuyait sur une vision à long terme qui m'a d'ailleurs permis de « vendre » à Microsoft mon projet d'une extension africaine. C'est-à-dire que j'étais prêt à ce que Microsoft perde de l'argent dans un premier temps, en rognant sur ses coûts, ses bénéfices, fort de la certitude qui était la mienne que tous ces gens ainsi formés sur les produits Microsoft représentaient des consommateurs potentiels, voire des prescripteurs pour les décennies à venir, au sein des entreprises où ils travailleraient. Et quand je parle de vendre l'idée à Microsoft, et de manque à gagner financier, il s'agissait vraiment de cela car, et ce n'était pas une mince affaire, j'ai réussi à obtenir que les prix pratiqués dans le reste du monde pour ce programme soient adaptés au contexte économique africain et très sensiblement revus à la baisse. Il m'a été en revanche beaucoup plus difficile de convaincre les responsables de Microsoft en Afrique du Sud de l'investissement à long terme que représentait l'opération.

Il faut préciser que le budget alloué à ce volet africain de l'IT Academy venait de Microsoft Afrique du Sud et que dès lors, ils en attendaient des retombées, des retours sur investissement rapides, sur le court terme. Ils s'inscrivaient en quelque sorte dans une logique d'entreprise pure, tandis que, de mon côté, j'estimais que Microsoft avait là une opportunité historique d'être un pionnier dans le domaine de la coopération intelligente et constructive, sans attendre, ce qui ne manquerait pas d'arriver, qu'une autre société ait l'idée de se lancer dans un projet similaire que nous nous contenterions au bout du compte de copier, persuadé que j'étais que ce style de deal sur le modèle win-win représentait l'avenir des relations Nord-Sud. Je me situais donc dans une logique de développement, et qui dit développement, dit avant tout éducation et formation, même si, à terme, il était intangible que l'IT Academy produirait aussi des consommateurs fidèles de produits Microsoft et qu'il existait bien un marché potentiel, mais seulement pour l'avenir. C'étaient donc deux conceptions opposées qui s'affrontaient sur ce dossier.

Au cours de mes nombreux voyages à travers l'Afrique,

qui relevaient parfois du challenge en raison des retards ou des annulations de vols, j'ai pu appréhender les problèmes auxquels sont confrontés au quotidien les universités, problèmes d'infrastructures, mais aussi d'inadéquation entre la formation dispensée et la réalité du marché du travail. À travers le programme IT Academy, tout le sens de ma démarche consistait justement à proposer autre chose que ce qui avait été essayé jusqu'ici en Afrique, en matière d'aide au développement et qui, il faut bien le reconnaître et je l'ai d'ailleurs écrit dans mes deux livres précédents, n'avait jamais fonctionné, faute de pertinence économique, donnant naissance à ces projets qu'on a appelé les éléphants blancs, gangrenés entre autres par la corruption.

J'étais persuadé de tenir là, comme je l'ai dit, une opportunité historique de casser ce système en essayant autre chose, une méthode qui avait fait ses preuves par ailleurs, en entreprise, fondée sur des objectifs mesurables, ciblés, et dont la réussite serait étroitement liée aux résultats effectivement obtenus. Je tenais donc à ce qu'il y ait, au cœur de ce programme, une véritable culture des résultats. Et l'un des principaux intérêts d'IT Academy, justement, était d'être un programme très concret, très opérationnel. Chaque étudiant qui terminait sa formation était tout à fait prêt pour l'entreprise, il n'y avait aucun doute là-dessus. Je peux même affirmer que tous ceux que je connais qui sont passés par l'IT Academy ont trouvé un emploi.

Difficile de faire plus concret et opérationnel ! Et c'est précisément de cela que l'Afrique a besoin, et pas nécessairement et uniquement de cours théoriques qui s'étalent sur plusieurs années sans la moindre garantie d'ouvrir accès à un emploi, faute d'adaptation à l'environnement du travail, de productivité immédiate. Le programme IT Academy tombait par conséquent à pic pour remédier à cette distorsion, cette inadéquation.

Il importe aussi de souligner que, contrairement à ce que pensent habituellement les gens, il existe quelques entreprises en Afrique pour absorber une partie non négligeable de cette main-d'œuvre qualifiée. Il suffit d'aller faire un tour sur le site de Microsoft Afrique pour constater qu'il y a en permanence un nombre très important d'offres d'emploi. Ce qui pose problème en revanche, et à quoi l'IT Academy apporte une solution concrète, c'est que ces entreprises rencontrent les pires difficultés pour trouver des gens qui répondent aux profils recherchés, faute de formation adaptée. Encore une fois, les diplômés ne manquent pas, ils sont légion, mais leur formation académique n'est pas en adéquation avec les réalités et les besoins du marché du travail.

Pire encore, il existe aussi un manque d'information flagrant. Très nombreux sont les gens, à la recherche d'un emploi, qui ignorent qu'il existe des offres d'emploi sur le site de Microsoft, par exemple, même s'ils ne disposent pas tous des qualités pour postuler, bien sûr. Mais il est tout de même problématique que des emplois restent non pourvus, ou que ces entreprises africaines soient obligées de recruter à l'extérieur, faute de candidats « locaux » pour les occuper. Pour toute ces raisons, le programme IT Academy arrivait en temps opportun.

À tel point que, lorsque je parlais aux étudiants du programme IT Academy – ils constituent en général mes interlocuteurs de prédilection – je leur disais, en substance : « Nous discutons et, pendant que nous avons cet échange, je suis persuadé qu'il y en a parmi vous qui ont des critiques à formuler envers Microsoft, critiques par ailleurs légitimes. Mais, ce que je suis en train de vous proposer ici, et quel que soit ce que vous pensez par ailleurs de Microsoft, c'est quelque chose de réellement positif et bénéfique pour vous. J'entends par là que, si vous adhérez à ce programme, et même s'il a un coût que vous pouvez trouver élevé, je peux pratiquement vous garantir qu'au terme de cette formation vous serez immédiatement opérationnels et trouverez un emploi, comme cela a été le cas, jusqu'à présent, pour toutes les personnes qui ont suivi ces cours, et qui plus est, généralement à un haut niveau de rémunération. Voilà donc quelque chose de concret, je ne suis pas ici pour lever des fonds pour Microsoft, même si je travaille pour eux, mais parce que j'estime, en mon âme et conscience, que ce programme peut avoir un impact positif sur notre continent. »

Quant aux résultats proprement dits de mon action à la tête du programme, je les qualifierais de positifs, sans forfanterie aucune, bien sûr. Mon premier objectif était de lancer le programme avec succès, de le placer sur des rails, ce qui a été fait dans la mesure où je suis parvenu à créer un nombre important de sites, plus d'une centaine en moins d'un an ! Il me fallait ensuite atteindre ce que j'appelle une masse critique, c'est-à-dire un nombre suffisamment significatif de sites, de formateurs (et donc d'étudiants) pour porter le programme à une vitesse supérieure afin qu'il puisse, à l'avenir, fonctionner de manière quasi automatique. Créer une sorte de contagion positive en ouvrant des centres dans un maximum de pays pour que de nouvelles universités, voyant que ça fonctionne et qu'en outre, cela génère des revenus, aient envie de rejoindre le mouvement. Je crois pouvoir dire que j'ai aussi atteint cet objectif-là.

Un autre objectif consistait à trouver un moyen de mettre en place un système qui assure la pérennité du programme, ce qui requérait la coopération de Microsoft Afrique, c'est-à-dire ceux-là même qui avaient financé l'IT Academy africaine. Sur ce point, le résultat est plus mitigé, ne serait-ce qu'en raison de la divergence de conceptions évoquée plus haut, entre une approche à court terme, visant une rentabilité quasi immédiate, et ma propre vision, plus prospective, bâtie sur des perspectives à long terme.

Toujours est-il qu'après un an de pilotage et d'administration du programme, j'ai estimé que j'avais rempli l'essentiel de ma mission et qu'il était temps, puisque j'avais atteint mon objectif principal, qui était de porter l'ensemble à une certaine vitesse de croisière, de laisser les rênes à quelqu'un d'autre pour faire autre chose, c'est-à-dire en l'espèce, retourner au siège social de Microsoft pour m'y consacrer à un passionnant projet autour de la « business intelligence ».

L'IT Academy a suivi son cours, sous la direction de Cheick Diarra dont nous parlions précédemment à propos de l'UVA, mais j'ai alors eu le sentiment qu'il changeait de nature, d'angle de vue si j'ose dire, même si Cheick Diarra n'a pas manqué de parler d'éducation en Afrique. L'impression que j'ai eue, tout à fait personnelle, j'en conviens, c'est qu'il s'agissait plus alors de commercialiser un produit, de vendre Microsoft en Afrique d'une certaine manière, dans le cadre d'une opération marketing, que de poursuivre une démarche de développement fondée sur l'autonomisation à terme des populations formées. Cela irait d'ailleurs dans le sens de la politique actuelle de Microsoft, de plus en plus proche de celle d'une « marketing company », au détriment de la conception et du développement de projets pensés, construits et bien ficelés. Un peu comme s'il fallait à tout prix vendre à chaque fois que se présente une opportunité.

Dans le cas présent, cela ne paraît être, ni une fatalité, ni un bon calcul stratégique dans la mesure où une compagnie parvenue à ce niveau de puissance et de notoriété n'a plus grand chose à craindre en terme de concurrence féroce, et que le moment serait au contraire particulièrement bien choisi pour prendre des initiatives allant dans le sens du développement. On parle beaucoup aujourd'hui d'entreprises citoyennes et, dans mon esprit, ce concept ne doit pas s'appliquer qu'à des notions environnementales, au sens écologique du terme. Encore une fois, il n'est pas du tout question de faire la charité mais de tenir un raisonnement à long terme : investir dans la formation, c'est assurer à ces gens bien formés un travail, assorti d'un salaire décent qui fera d'eux des consommateurs de produits fabriqués par la compagnie en question !

Le drame est qu'aujourd'hui, les marchés financiers dictent leur loi à des entreprises uniquement préoccupées de leurs profits à court terme et du cours de leur titre au jour le jour, sans véritable vision prospective digne de ce nom. Tout cela pour dire que, à mon sens, si le programme IT Academy existe encore sous ce label, la philosophie qui le sous-tend a été dénaturée, un peu comme si on voulait à toute force montrer aujourd'hui au monde entier que Microsoft est venu sauver l'Afrique !

Quelques rencontres marquantes durant ces années Microsoft

Ces nombreuses années passées au sein de Microsoft ont été rythmées par de nombreuses rencontres que je n'aurais probablement pas eu l'occasion de vivre autrement, même si, pour la plupart, elles m'ont surtout fourni les moyens de promouvoir et assister l'UVA dans son expansion. Je m'explique. Ma situation de manager chez Microsoft m'a conféré un certain nombre de privilèges, me permettant de rencontrer des personnalités éminentes. Pour autant, à chaque fois, l'UVA était présente dans mon esprit et dans les conversations que je pouvais avoir avec ces hauts personnages, conscient que j'étais que, par leur position, leur influence, ils pourraient nous apporter une aide conséquente.

La plupart de ces rencontres, je dois le reconnaître, ont été fortuites, en ce sens que je ne les ai pas initiées. Dans un certain nombre de cas cependant, j'ai tout de même forcé la chance et suscité l'occasion, lorsque celle-ci me paraissait importante dans ma recherche de financement pour le développement de l'UVA.

Le cadre de ce livre ne suffirait pas à évoquer toutes ces rencontres. Je vais me borner à évoquer celles qui m'ont marqué, à titre personnel, ou parce qu'elles ont été importantes, sinon déterminantes, pour l'UVA.

***

Je commencerai par ceux ce que j'appellerai les leaders, qu'il s'agisse de leaders politiques ou de responsables de grandes institutions internationales, au premier rang desquels le Président, Abdoulaye Wade, Chef de l'État sénégalais. J'ai rencontré le Président Wade pour la première fois en 2004, plus précisément le 16 ou 17 janvier 2004. Une rencontre avait déjà été prévue entre nous quelque temps auparavant mais, pour des raisons de calendrier, n'avait pu se conclure. Quoiqu'il en soit, je le rencontre à Dakar le 17 janvier 2004, je crois. L'objet de la rencontre m'intéresse au plus haut point puisqu'il s'agit d'envisager des synergies entre l'UVA et l'Université du Futur Africain, UFA, qu'il essaie de mettre sur pied au Sénégal. Le concept de base est le même : utiliser les technologies modernes pour assurer l'éducation des Africains. En outre, loin d'être concurrents comme on pourrait le penser, les deux projets s'avèrent au contraire complémentaires dans la mesure où, si l'UVA se concentre sur le premier cycle d'études supérieures (de la première année à la licence), l'UFA quant à elle concernerait plutôt le troisième cycle, de la Maîtrise au Doctorat.

Au cours de cette rencontre, je suis accompagné de Franck Jacquard, un de mes collègues chez Microsoft, basé en Afrique où il est responsable pour la société de la zone Afrique de l'Ouest, et de Peter Dzvimbo qui est alors le recteur en titre de l'UVA. Assistent également à l'entretien, le futur responsable de l'UFA du Président Wade qui, je le rappelle, est encore en construction à cette époque, et mon ami Pierre Goudiaby, conseiller spécial du Président Wade et architecte renommé, qui est d'ailleurs l'initiateur de cette passionnante entrevue. La discussion, dense et riche, porte bien évidemment sur les questions d'éducation et sur la possibilité de créer des synergies intéressantes et fructueuses entre nos deux institutions. Parallèlement, le débat tourne aussi autour de mon livre, « l'Internet, une chance pour l'Afrique », dont je m'empresse d'offrir un exemplaire au Président Wade, et qui traite de thèmes naturellement en phase avec les projets que nous entendons bien concrétiser ensemble.

Il s'agit donc d'une très belle rencontre qui me permet, d'ores et déjà, de bénéficier d'un soutien colossal pour l'UVA, bien sûr, mais au-delà, de faire avancer la cause de l'éducation en Afrique. Le Président Wade lui-même se montre d'ailleurs particulièrement satisfait de l'entretien et même très enthousiaste. Tant et si bien qu'à mon retour à mon hôtel, le soir même, je reçois un appel de la présidence qui me fait savoir que le Président de la République aimerait que je l'accompagne au Forum économique de Davos qui, hasard du calendrier, doit se tenir deux jours plus tard. Naturellement, je me montre disponible, l'occasion étant de celles que l'on se doit de saisir. Les formalités se mettent rapidement en place et, effectivement, le 19 janvier 2004, me voilà à bord de l'avion présidentiel, dénommé la Pointe de Sangomar. J'accueille cette invitation comme un honneur et elle s'impose aussitôt comme une priorité sur le reste de mon calendrier qui passe d'un seul coup au second plan. Je voyage avec le Président, son épouse et ses conseillers.

Notre vol, Dakar-Paris, va durer environ six heures. Tout à coup, j'aperçois l'aide du camp du Président qui vient vers moi pour nous prier, Pierre Goudiaby et moi, de rejoindre la cabine présidentielle où le Chef de l'État nous attend et souhaiterait s'entretenir avec nous. Quelques instants plus tard, nous poursuivons donc dans les airs, la conversation entreprise deux jours auparavant à Dakar. La discussion roule une nouvelle fois sur les pistes à explorer pour créer des institutions qui permettraient, dans les meilleures conditions possibles, d'assurer l'éducation des Africains. À cette occasion, le Président me fait savoir qu'il aimerait que je devienne son conseiller et son représentant sur la scène internationale pour tout ce qui touche à un projet qui lui tient particulièrement à cœur, qu'il a déjà présenté dans certaines instances internationales et dont il est l'initiateur, celui d'une solidarité numérique entre le Nord et le Sud, les pays du Nord assistant ceux du Sud pour leur permettre de combler ce fameux fossé numérique dont il est question depuis déjà un certain temps.

Certaines personnalités se sont déjà impliquées dans ce projet, mais aussi des municipalités du monde entier, comme celles de Lyon ou de Genève par exemple. Le Président Wade entend donc me confier un rôle d'ambassadeur, en quelque sorte, de cette noble cause. J'accepte son offre avec beaucoup d'enthousiasme. Nous arrivons finalement à Paris, sous la pluie et tard dans la nuit, notre départ ayant été retardé par les aléas de l'agenda présidentiel, comme c'est souvent le cas. Après avoir attendu quelques instants dans le salon présidentiel réservé aux hôtes de prestige, une escorte officielle nous accompagne, très protocolairement, jusqu'à nos hôtels respectifs. Après cette courte escale parisienne, le temps est venu de nous rendre à Davos où, une fois encore, chacun rejoint son hôtel. Il est convenu que je revoie le Président Wade le lendemain, c'est-à-dire précisément le jour où il doit présenter solennellement à la tribune son projet de solidarité numérique. Étant donné le prestige dont jouit le Forum économique de Davos, le message du Président est ainsi assuré de bénéficier d'une large et importante audience.

Le lendemain, je me prépare donc à partir rejoindre le Président à son hôtel qui est situé à une dizaine de kilomètres du mien. Je m'apprête à prendre l'ascenseur pour aller prendre la navette qui attend devant la réception, lorsque je croise un sénateur fédéral américain très connu, Richard Shelby. Tout en attendant l'ascenseur, nous discutons quelques minutes. Nous prenons finalement la navette qui me dépose à l'hôtel du Président Wade. Arrivé sur place, je constate une relative effervescence, plusieurs personnes m'informant que le Président me cherche partout. Effectivement, dans la précipitation, je n'ai pas eu le réflexe de lui communiquer mes coordonnées. Il faut dire que les choses s'étaient enchaînées très vite et sans réelle préparation, tant et si bien qu'il avait fallu improviser. En effet, lorsque, quelques jours plus tôt je m'étais trouvé à Dakar pour y rencontrer le Président, j'étais bien loin d'imaginer que je le suivrais peu après jusqu'à Davos !

Toujours est-il que je le rejoins finalement et qu'il m'invite aussitôt à déjeuner avec lui, son épouse et deux de ses conseillers. Déjeuner de travail comme il se doit où nous devons discuter de la stratégie à adopter quant à la présentation de son projet de solidarité numérique. Une anecdote amusante à propos de ce déjeuner. Nous sommes donc cinq à table. Chacun commande évidemment un plat et, si pour quatre des convives, les plats choisis arrivent dans des délais raisonnables, il n'en est pas de même pour celui du Président. Les minutes passent et il n'est toujours pas servi. L'heure de son intervention approche.

Lassé d'attendre, il décide finalement de ne pas déjeuner et c'est ainsi que nous nous retrouvons tous les quatre – son épouse, ses deux conseillers et moi-même – en train de manger sous les yeux du Président. Ce qui n'empêche nullement la conversation de se poursuivre. Je constate d'ailleurs à cette occasion que Madame Wade est très impliquée, non seulement dans les œuvres de charité, comme beaucoup d'épouses de présidents, mais aussi dans les questions de santé en Afrique dont elle semble avoir une parfaite connaissance, particulièrement lorsqu'il s'agit de toutes ces maladies qui touchent les enfants africains. Puis, le ventre vide, le Président Wade s'en va présenter son projet devant un parterre constitué des dirigeants les plus influents de la scène internationale.

Un autre petit détail a suscité mon amusement durant ces quelques jours passés en compagnie du Président Wade. Comme nombre de Chefs d'État et de personnalités importantes, le Président Wade dispose d'une garde rapprochée constituée de deux policiers en civil, évidemment armés. Rien de très surprenant au fond.

Mais j'étais en revanche toujours surpris, bluffé même, lorsque le Président m'invitait à l'accompagner dans l'ascenseur avec son épouse et, éventuellement une ou deux personnes – au point que la cabine affichait complet – de constater la diligence avec laquelle ces hommes empruntaient l'escalier pour arriver à destination avant nous, quel que soit l'étage où nous nous rendions ! J'avoue avoir plus d'une fois admiré la performance physique que requérait leur mission. Plus généralement d'ailleurs, chaque fois que je me retournais, pensant être seul avec le Président, en tête à tête, je les apercevais toujours dans un coin, discrets mais efficaces.

Ma collaboration avec le Président Wade ne s'est évidemment pas arrêtée à Davos mais s'est poursuivie bien au-delà, toujours dans d'excellentes conditions. A tel point que cela m'a conduit, un temps, à prendre un peu de recul par rapport à mon job chez Microsoft, c'est-à-dire à suspendre mes activités, sans rémunération, pour travailler avec lui sur les projets qui nous tenaient à cœur. Il en était même venu à suggérer que son équipe, son staff pourrait s'occuper de mon séjour à Dakar durant le temps de cette collaboration. J'ai préféré décliner cette offre généreuse, considérant qu'il serait de ma part pour le moins indécent de coûter de l'argent à un pays comme le Sénégal, qui n'a pas beaucoup de moyens, pour assurer mes voyages et mon séjour alors que j'estimais être en mesure de consentir cet effort financier pour une cause aussi capitale que l'avenir de l'enseignement sur le continent africain.

Quant à mon rôle d'ambassadeur de la solidarité numérique, l'occasion m'a été donnée très rapidement d'en mesurer la responsabilité. En effet, alors que nous séjournions à Paris, justement, et que nous nous trouvions à l'Ambassade du Sénégal, le Président Wade passa deux appels en ma présence. L'un destiné à Gérard Collomb, le maire de Lyon, l'autre à son homologue genevois, Christian Ferrazino, les deux communications ayant pour objet de m'obtenir un rendez-vous auprès de ces deux personnalités en ma nouvelle qualité.

C'est ainsi que, peu après, je me rendais au Sénat pour y rencontrer M. Collomb (par ailleurs sénateur) avec qui j'allais avoir une très longue et intéressante conversation pour définir ensemble, dans les grandes lignes, la forme que pourrait prendre, concrètement, l'idée de solidarité numérique Nord-Sud. Un entretien du même type allait me conduire à Genève, dans le bureau de Christian Ferrazino. Mon rôle consistait en fait, comme on l'aura compris, à faire avancer l'idée du Président Wade, lui donner un tour plus concret, auprès de personnalités qui soutenaient déjà le projet en question. Je crois pouvoir affirmer que cette cause avance dans le bon sens, dans la mesure où les fonds levés croissent régulièrement. Une remarque importante à ce sujet.

Les fonds ainsi collectés sont conservés par la municipalité de Genève dans une institution bancaire suisse de grande renommée. Cette décision n'est pas innocente, bien entendu. En effet, il est courant d'émettre des doutes sur la destination des fonds et aides de toutes sortes obtenus au bénéfice du continent africain, arguant du fait que, bien souvent, une fois arrivés à destination, ils ont une fâcheuse tendance à s'évaporer. La réputation de sérieux et d'honnêteté des banques suisses n'étant contestée par personne, les donateurs s'en trouvent notablement rassurés.

Voilà, dans les grandes lignes, le sens et les développements ultérieurs de ma rencontre avec le Président Abdoulaye Wade du Sénégal.

***

Une autre personnalité que j'ai eu beaucoup de plaisir à connaître et côtoyer est M. James Wolfensohn, l'ancien Président de la Banque mondiale. James Wolfensohn est vraiment ce que les anglo-saxons appellent un gentleman. Notre première rencontre s'est déroulée au Club de la Presse à Washington, le National Press Club, où il était invité en sa qualité, précisément, de Président de la Banque mondiale. J'étais dans l'assistance et, en tant que membre du Press Club, il m'a été donné le privilège de le rencontrer en tête à tête avant son intervention. Je précise qu'à l'époque, je n'étais pas encore Président du Conseil d'Administration de l'UVA, bien que, autant que je me souvienne, la Banque mondiale ait déjà commencé à solliciter mon soutien. Je rappelle également que Wolfensohn est un peu, d'une certaine manière, le père de l'UVA, au moins en terme de soutien, si Étienne Baranshamaje en est le concepteur et le fondateur.

En effet, il a pris sur lui, dès le départ, de soutenir le projet de l'UVA auquel il croyait profondément et cela contre l'avis même de la plupart de ses collaborateurs. Au cours de notre entretien, je lui fais savoir que je suis à Microsoft, bien entendu, à la suite de quoi nous avons une petite discussion autour de l'UVA dont il parle avec une réelle passion et une vraie compétence. Lorsque nous nous rencontrons à nouveau, quelque temps plus tard, c'est dans les locaux mêmes de la Banque mondiale et je suis devenu entre-temps Président du Conseil d'Administration de l'UVA.

Mes nouvelles responsabilités me permettent bien évidemment de l'aborder plus facilement. Nos conversations sont nombreuses et toujours de grande qualité et, ce qui est finalement le plus intéressant, nous permettent d'aboutir très fréquemment à des solutions concrètes quant à l'aide que la Banque mondiale est susceptible d'accorder à l'UVA pour favoriser son développement. Il est à noter que certaines de ces conversations se déroulent en français, langue qu'affectionne particulièrement M. Wolfensohn. Au cours de nos échanges, je fais régulièrement valoir à mon interlocuteur que l'important n'est pas que la Banque mondiale fournisse tous les fonds nécessaires à la réussite de l'UVA, mais qu'il est en revanche déterminant qu'elle donne le ton, provoquant du même coup un effet d'entraînement salutaire sur les autres institutions qui ne manqueront pas, dès lors, de considérer l'UVA avec intérêt et croire en la viabilité du projet. Je crois pouvoir dire que nous nous comprenons à merveille, à tel point qu'il me fait savoir rapidement que, tant qu'il sera à la tête de la Banque mondiale, celle-ci soutiendra l'UVA.

Cette promesse se traduit sur le terrain où l'engagement de James Wolfensohn ne s'est jamais démenti. Les vicissitudes de la politique étant ce qu'elles sont, l'arrivée au pouvoir de George Bush et des républicains entraîne le départ de Wolfensohn, démocrate, et son remplacement par un républicain, Paul Wolfowitz, ancien numéro 2 du Pentagone, connu entre autres pour avoir été l'idéologue de la guerre en Irak.

Ce brusque changement va bouleverser sensiblement la donne, pour deux raisons principales. Tout d'abord, lorsque je rencontre Wolfowitz pour la première fois, c'est bien évidemment pour évoquer avec lui l'UVA. Je trouve un homme très attentif, qui prête un certain intérêt à mes propos. En revanche, après m'avoir longuement écouté sans m'interrompre, il a une réaction qui me laisse à vrai dire passablement perplexe. En effet, il se lance alors dans une critique ouverte de son prédécesseur, ce qui ne me semble pas du meilleur goût, et, pour répondre à mes arguments sur le soutien que témoignait Wolfensohn à l'UVA et que j'espère le voir manifester à son tour, il a cette phrase, en anglais, à propos de celui-ci : « He never saw a project he didn't like », littéralement « il n'a jamais vu un projet qu'il n'aimât pas », façon de dire que Wolfensohn serait le genre d'homme à embrasser toutes les causes quelles qu'elles soient, sans discernement, même si, au bout du compte, rien ne doit se réaliser.

En poussant un peu le raisonnement, j'interprétai cela comme un message visant à sous-entendre que l'UVA n'était pas nécessairement un projet dans lequel la Banque mondiale aurait dû se lancer. Le deuxième argument qui me laisse présager que les choses vont changer, et pas forcément dans un sens favorable, c'est qu'il me fait savoir à mots couverts que ce projet avait été soutenu contre le gré d'un certain nombre de collaborateurs de Wolfensohn, ce que je n'ignorais pas. J'en déduis toutefois que le nouveau Président de la

Banque mondiale ne manifestera probablement pas le même soutien à l'UVA.

Cependant, en homme pragmatique, Wolfowitz me dit qu'il est prêt à discuter avec moi, et qu'il reste disponible. Il me suggère par ailleurs d'en parler avec le Chancelier de l'Université d'Afrique du Sud, l'UNISA – University of South Africa – qui mène un projet similaire, un projet d'éducation à distance, assez voisin sur bien des points de celui de l'UVA. Il ne tarde d'ailleurs pas à me présenter à lui et nous soumet une suggestion a priori non dénuée d'intérêt, à savoir que lui et moi discutions ensemble des synergies possibles entre nos deux institutions pour mener à leur terme les deux projets et être en mesure de formuler une proposition concrète qu'il nous appartiendra de lui soumettre conjointement. A l'heure qu'il est, nous y travaillons toujours mais envisageons de rendre sous peu visite à Paul Wolfowitz avec le fruit de nos travaux.

***

Autre rencontre importante, celle avec le Président Abdou Diouf, l'ancien Président du Sénégal, aujourd'hui responsable de la Francophonie, que j'ai déjà évoquée dans le chapitre consacré à l'Université Virtuelle Africaine, en faisant allusion aux campus numériques de l'Agence Universitaire de la Francophonie. Ces campus numériques sont très voisins, dans leur approche, de ce que nous avons mis en place dans le cadre de l'UVA. À cette différence près qu'ils ne concernent que les pays francophones, tandis que l'UVA, née dans le giron de la Banque mondiale, touche, au moins en Afrique, un plus large public et bénéficie en outre de l'immense prestige international de cette puissante institution.

Quoi qu'il en soit, je suis donc amené à rencontrer le Président Diouf dans le cadre de ce projet de partenariat entre nos deux organismes. La rencontre a lieu, toujours en 2004, dans les bureaux parisiens de la Francophonie – bien que le siège social de l'AUF soit à Montréal – en présence de Mme Michèle Gendreau-Massaloux, rectrice de l'AUF et ancienne rectrice de l'Académie de Paris, et de Peter Dzvimbo, recteur de l'UVA. La discussion s'avère particulièrement intéressante, compte tenu à la fois de la qualité des participants et de leur implication dans la cause de l'éducation.

Mme Gendreaux-Massaloux notamment, fait preuve d'une très remarquable connaissance et analyse des questions d'éducation, nous faisant profiter d'un remarquable et brillant exposé sur le fonctionnement de l'institution qu'elle dirige et représente. Toujours est-il qu'à l'issue de cette rencontre, une date est fixée et que la convention est finalement signée à Montréal quelque temps plus tard, entre le Président Diouf, au nom de la Francophonie, et moi-même, en ma qualité de Président du Conseil d'Administration de l'UVA.

Avec le recul, je suis tout à fait fier d'avoir été partie prenante, aux côtés d'un partenaire aussi éminent, aussi respecté que le Président Diouf, à un document qui donne à des milliers, et bientôt, je l'espère des millions d'africains, les moyens de se former et qui a en outre contribué à renforcer la notoriété dont jouissait déjà l'UVA en mettant l'accent sur le rôle moteur et crucial que joue l'éducation dans le développement.

***

Ma rencontre avec le Président Konaré compte aussi au nombre de mes bons souvenirs. Alpha Oumar Konaré est l'ancien Président du Mali. Mais, lorsque nos chemins se croisent en 2005, il exerce les fonctions de Président de la Commission de l'Union Africaine. Je le rencontre pour la première fois à Alger, à l'occasion d'une conférence sur l'éducation. Je reconnais avoir suscité cette rencontre, dans la mesure où je sollicite et obtient une audience, prévue le jour même de son discours d'ouverture, juste après celui-ci d'ailleurs.

J'ai pris soin, comme chaque fois que je dois avoir un échange avec un haut responsable, de lui faire parvenir à l'avance un exemplaire de mon livre « l'Internet, une chance pour l'Afrique » qui définit la problématique de ces questions d'éducation et de développement du continent africain grâce aux technologies nouvelles. C'est bien entendu en ma qualité de PCA de l'Université Virtuelle Africaine que je demande audience au Président Konaré. Il connaît d'ailleurs très bien l'existence de l'UVA pour l'avoir citée, à de nombreuses reprises, dans ses discours. La rencontre me paraît donc se présenter sous les meilleurs auspices, même si le Président Konaré n'a encore jamais rencontré de représentant de l'UVA.

Auparavant, j'assiste évidemment à son discours d'ouverture, discours solennel, au milieu d'un parterre de personnalités éminentes, au rang desquelles le Président algérien Abdelaziz Bouteflika, des premiers ministres et la plupart des ministres africains de l'Éducation et des Technologies. Ainsi que c'est la règle dans ce genre de manifestation, on nous remet le texte du discours du Président Konaré avant son intervention. Le parcourant, quelle n'est pas ma surprise de constater qu'un passage entier du discours semble avoir été tiré, quasiment mot pour mot, de mon propre livre ! Je prends cela comme un honneur, en me faisant toutefois la réflexion que le rédacteur du discours a omis de citer sa source. Je présume en effet que le Président Konaré n'est probablement pas au courant de ce détail, n'étant sans doute pas l'auteur du discours qu'il va prononcer.

Cette découverte me place néanmoins dans l'embarras. Je ne sais quelle conduite adopter. Non qu'il s'agisse d'une question d'ego, mais simplement parce que je trouve pour le moins léger, pour ne pas dire davantage, de la part du rédacteur du discours présidentiel, d'avoir négligé d'indiquer où il avait prélevé, non pas une ligne ou deux, mais tout un paragraphe ! Je conserve d'ailleurs encore aujourd'hui une copie de ce texte chez moi, à Seattle. Bien entendu, quand, un peu plus tard dans l'après-midi, vient le moment de rencontrer le Président Konaré, je prends le seul parti raisonnable, celui de ne pas faire allusion à l'incident.

Nous parlons donc de l'UVA, il m'interroge notamment sur les rapports qu'elle entretient avec Microsoft, sur l'assistance que cette société apporte au projet, ainsi bien entendu que sur mes rôles respectifs dans l'une et l'autre structures qui semblent l'intriguer. Après lui avoir fourni les réponses les plus précises possibles, j'essaie de lui expliquer ce que j'attends de l'Union Africaine. Il me fait alors savoir que, étant donné la notoriété de l'Union

Africaine, il est certainement possible d'obtenir des fonds pour le développement de l'UVA, ne serait-ce, par exemple, que dans le cadre de la fameuse Commission Blair pour l'Afrique que le Premier Ministre britannique a mis sur pied pour définir le type d'aides qui pourraient sortir l'Afrique du marasme économique et social dans lequel elle se trouve. D'après le Président Konaré, il est tout à fait envisageable qu'une partie de l'aide financière obtenue par l'Union Africaine dans ce cadre-là soit allouée à l'UVA.

Pendant notre entretien, il reçoit un appel de M. Kofi Annan, alors Secrétaire Général de l'ONU, et je constate à cette occasion, la discussion téléphonique se déroulant en français, que M. Annan semble maîtriser tout à fait notre langue, ce que me confirme le Président Konaré quelques minutes plus tard. Il ajoute qu'il doit justement rencontrer le Secrétaire Général des Nations Unies quelques jours plus tard, à New York, et qu'il ne manquera pas de lui parler de l'UVA.

La conversation se poursuit, toujours très fructueuse, le Président Konaré m'interrogeant également sur la forme juridique de l'UVA, effectivement pas forcément très lisible. Ne serait-ce que parce qu'à l'origine, l'UVA était une organisation non gouvernementale qui, par la suite, pour diverses raisons, a acquis un statut de type diplomatique, celui d'une organisation intergouvernementale. Le Président Konaré, manifestement au courant de cette situation, insiste pour que nous clarifiions ce point avant d'aller plus loin et suggère pour ce faire une autre réunion, qui se tiendra cette fois-ci à Addis-Abeba en Ethiopie, au siège social de l'Union Africaine, et qui va nous permettre d'avancer sur ce dossier de la forme juridique de l'UVA, pour l'adapter de manière rationnelle et la plus favorable possible à l'objet de l'institution. Il s'agit donc véritablement d'une rencontre riche de sens comme je les affectionne.

***

Un autre chef d'État africain que j'ai eu l'honneur de rencontrer, est le Président Laurent Gbagbo de Côte d'Ivoire. Comme je l'ai raconté dans le chapitre précédent, je me trouvais en Côte d'Ivoire, délibérément, au moment où le pays traversait une succession de tentatives de coup d'état, d'assassinats et autres troubles politiques importants. J'avais choisi de me fixer dans ce pays, durant une année, pour lancer le projet IT Academy en Afrique. C'est d'ailleurs pendant mon séjour ivoirien que j'ai écrit mon deuxième livre, « l'Afrique du XXIème siècle », commencé et terminé à Abidjan. Il me semblait tout à fait symbolique et important, eu égard aux graves troubles que connaissait la Côte d'Ivoire à cette époque, que le livre soit lancé depuis ce pays, d'abord parce que je m'y trouvais, bien sûr, mais surtout pour faire passer le message qu'il était nécessaire de soutenir la Côte d'Ivoire durant ces moments difficiles. Et puis, les problèmes que le livre soulève, concernent au premier chef ce pays. Ils sont d'ailleurs, pour une large part, à l'origine de la crise qu'il traverse. À tel point que, l'on me suggère bientôt de rencontrer le Président Gbagbo pour lui offrir un exemplaire de mon livre, l'idée me paraît avoir un véritable sens. En outre, elle me séduit et m'honore. Le jour de la rencontre est donc fixé, l'heure également. Il s'agit d'un déjeuner. Je me rends au Palais présidentiel en compagnie de mon assistante, Diane, une ivoirienne. Arrivés sur place, un petit incident nous retarde.

En effet, mon assistante ne figure pas sur la liste officielle des invités du Président. Théoriquement, protocolairement, elle ne peut par conséquent pénétrer dans le Palais. Elle est évidemment très affectée par cette situation imprévue. Bien que je sois conscient des impératifs tant protocolaires que sécuritaires qui sont de mise lors de ce genre de manifestation, je laisse néanmoins entendre que la présence de mon assistance m'est indispensable. Une manière de leur forcer la main en quelque sorte même si, encore une fois, je comprends la nature du problème. Toujours est-il que la situation finit par se débloquer après que l'un de nos interlocuteurs soit allé en référer au Général chargé de la sécurité du Palais.

Nous y accédons donc finalement tous les deux et l'on nous convie à attendre le Président dans l'antichambre. Une précision, à ce point du récit, qui aura son importance par la suite. Il est prévu que je prenne l'avion le soir même pour le Cameroun. Or, le déjeuner, initialement prévu à 13 heures, ne débute finalement qu'à 16 heures parce que le Président s'avère être retenu dans une institution, probablement le lycée Sainte Marie, où il s'adresse aux élèves. Son emploi du temps s'en trouve donc passablement décalé. Il finit néanmoins par arriver, très décontracté, et ouvre lui-même la porte de l'antichambre où nous l'attendons, comme pour se rendre compte par lui-même de l'identité de ses visiteurs. D'emblée, il se met à parler avec nous, visiblement soucieux de nous mettre à l'aise, ce qui produit l'effet inverse, tant sur mon assistante que sur moi-même, surpris de cette absence de protocole.

Nous passons à table peu après, une dizaine de personnes de l'entourage du Président nous accompagnant. Ce qui n'est pas pour me déplaire, du moins dans un premier temps. J'aime assister à des échanges, suivre la manière dont les choses se déroulent. De toute façon, je sais qu'une audience privée est prévue après le déjeuner. Nous sommes déjà au milieu de l'après-midi, je le rappelle.

Tout en déjeunant, je constate que le Président Gbagbo, que je ne connaissais qu'à travers les médias, comme tout le monde, manifeste une très grande familiarité à l'égard de ses collaborateurs. J'entends des « camarade », comme cela était de mise à Moscou à l'époque de l'Union Soviétique, ou encore à Cuba. Probablement une référence aux combats qu'ils ont menés ensemble avant d'accéder au pouvoir, Laurent Gbagbo ayant longtemps été un opposant historique au Président Houphouët-Boigny, puis à son successeur, Henri Konan Bédié.

Cette familiarité est manifestement partagée et contagieuse, tout le monde se montrant très à l'aise à la table du Président. Un exemple parmi tant d'autres. Le Président Gbagbo fait une déclaration informelle, affirmant en substance que son rôle consiste à écouter les propositions qu'on lui fait et qu'il essaiera de les coordonner pour les faire aboutir à des décisions concrètes.

Une jeune femme, très à l'aise, intervient alors d'une manière qui me laisse pantois mais qui ne semble pas offusquer le Président, pour raconter qu'elle s'est rendue récemment en Afrique du Sud, qu'il s'agit d'un très beau pays, remarquablement bien construit, doté d'infrastructures de qualité, mais que l'important, ce qui est intéressant, c'est de comprendre que tout cela s'est fait sans les Noirs ! Elle en conclut donc que, tant qu'on peut trouver des gens qui font du bon travail, quelle que soit leur race et même leur attitude, il faut être pragmatique. Tout cela exprimé avec une parfaite aisance. En clair, c'est à peu près comme si elle avait laissé entendre qu'il aurait mieux valu laisser les Blancs d'Afrique du Sud gérer le pays pour son plus grand profit ! Elle va même jusqu'à insinuer que certains Africains seraient des incapables, sans provoquer la moindre réaction du Président. Ceci pour témoigner de la liberté de ton qui prévaut lors de ce déjeuner.

Je découvre d'ailleurs peu à peu qu'il s'agit d'un homme particulièrement ouvert aux idées des autres, qui ne se contente pas de s'autoproclamer démocrate mais affiche une réelle tolérance. À la suite de quoi, en historien, le Président Gbagbo raconte une histoire dont la morale se résume à la question suivante : « Que nous est-il donc arrivé, à nous Africains, pour qu'après tant d'années, de décennies, de siècles même, nous ne parvenions pas à sortir de la misère ? » Avec une certaine humilité, il reconnaît n'avoir pas de réponse toute prête. En réalité, je crois surtout qu'il entend ouvrir le débat et écouter ce que les autres ont à dire. Ainsi qu'il l'a expliqué précédemment, c'est ainsi qu'il conçoit son rôle présidentiel. Il souhaite écouter ce que des gens comme nous pensent de cette situation, qu'ils lui indiquent en quelque sorte la voie à suivre pour tenter de tirer l'Afrique de ce marasme.

À ce moment-là, mon assistante qui, dans sa grande perspicacité n'a pas manqué de remarquer que c'était là précisément le thème central de mon livre, m'adresse un signal du pied pour m'inviter à prendre la parole. Ce que je fais, mentionnant que c'est effectivement l'objet de mon livre, mais sans creuser outre mesure la question, désireux de réserver mes arguments à l'entretien privé prévu après le déjeuner avec le Président plutôt qu'à une assemblée assez nombreuse et bruyante où ils risquent de se perdre. Mais je fais tout de même passer le message que j'ai effectivement des choses à dire sur le sujet et que la lecture de mon livre peut apporter des éléments de réponse intéressants. Le déjeuner se passe sans encombres, dans une atmosphère très détendue.

Je remarque aussi que le Président manifeste une grande simplicité en matière culinaire, son plat préféré, celui qu'il commande, étant un plat ivoirien très simple à base de riz, alors que les autres invités, y compris moi-même, commandent des plats plus raffinés, voire sophistiqués. Le déjeuner arrive finalement à son terme. L'entourage du Président m'avait prévenu que ses déjeuners étaient généralement très longs, je ne suis donc pas surpris. Le moment est enfin venu, pour moi, de le rencontrer en audience privée, comme convenu. Certains de ses collaborateurs, informés de mon vol pour le

Cameroun, manifestent alors leur inquiétude. Je leur fais valoir qu'il s'agit là d'une question très secondaire. De toute façon, il devient évident que je vais manquer ce vol. Et le temps du Président étant rare et précieux, il est impensable pour moi de manquer l'audience qu'il m'a généreusement accordée. D'autant plus, et c'est un argument de poids, que le temps qui semble m'être imparti est relativement important. Je n'hésite pas une seconde.

Mon assistante et moi sommes donc reçus en privé. L'entretien est à peine commencé que le Président se tourne vers la jeune femme et lui déclare qu'il lui semble l'avoir déjà vue quelque part. Celle-ci confirme et précise qu'elle est allée au lycée avec ses filles, à l'époque où il était dans l'opposition, si bien qu'elle a eu à plusieurs reprises l'occasion de se rendre chez lui. Après cet intermède, la discussion s'engage autour de mon livre. Je m'efforce de résumer à son intention les thèmes que j'y développe. Il se montre très satisfait de mes initiatives au bénéfice de l'Afrique et propose même séance tenante, en présence d'un de ses conseillers et du chef du protocole, de me fournir un logement en Côte d'Ivoire pour que je continue à travailler dans le même sens, à explorer les pistes dont je lui ai parlé. Je décline naturellement son offre. Il se propose alors de me fournir des bureaux. Je décline à nouveau, travaillant déjà dans des bureaux de Microsoft. Néanmoins, je suis très touché et honoré de toutes ces attentions.

Lorsque nous nous séparons à l'issue de l'entretien, il me fait part de son souhait de me revoir et me précise qu'il sera toujours disponible pour me recevoir chaque fois que j'en aurai besoin. L'heure de mon vol est alors bien évidemment dépassée mais je me garde bien d'y faire allusion. Je prendrai d'autres arrangements, voilà tout. J'éprouve une grande satisfaction quant à la manière dont s'est déroulée cette visite et au contenu de mes échanges avec le Président Gbagbo.

Quelles que soient en effet les opinions que les uns et les autres ont de l'homme Laurent Gbagbo, je dois reconnaître qu'il possède incontestablement d'indéniables qualités. Il est décontracté, simple dans ses rapports avec les gens, disponible, avec des convictions fortes, mais en même temps une grande ouverture d'esprit qui se manifeste, entre autres, par une réelle capacité d'écoute. Bref, tout le contraire de certains dirigeants pour qui ces rencontres sont surtout l'occasion de vous asséner un cours magistral sur tous les sujets sans prêter réellement attention à ce que vous avez à dire. Avec le Président Gbagbo, j'ai le sentiment que l'échange a été franc, sincère et honnête et je le quitte par conséquent sur une très bonne impression.

Un dernier mot pour conclure ce long paragraphe. Le lendemain, j'apprends que mon assistante vient de sortir major de sa promotion à l'école des Hautes Études Commerciales (HEC) d'Abidjan. Rétrospectivement, j'aurais aimé que cette nouvelle me parvînt un ou deux jours plus tôt. J'aurais alors eu beaucoup de plaisir à en faire part au Président au cours de notre conversation, d'autant plus qu'il s'était intéressé à ses études. J'ai tout de même pris soin d'adresser un mot à l'un de ses conseillers pour qu'il transmette le message. N'ayant pas eu de réponse, je ne sais si la nouvelle lui a effectivement été communiquée.

***

Parmi ces visites aux leaders africains dans le cadre de mes actions en faveur de l'Afrique en général et de l'UVA en particulier, j'aimerais dire quelques mots de ma rencontre avec le Président Eduardo Dos Santos d'Angola. C'est en décembre 2002 que je me suis rendu en Angola, à l'invitation du Président lui-même et de son Vice-ministre des Sciences et Technologies. Le prétexte de cette visite était d'assister à l'éclipse totale du soleil qui devait être visible en Angola le 4 décembre. D'autres invités de marque étaient présents, tels que le Professeur Serge Koutchmy, un grand astronome français, accompagné d'une équipe de scientifiques de haut niveau et Cheick Diarra, ancien ingénieur à la NASA, entre autres. Nous étions tous conviés avant la date de l'éclipse pour participer à des conférences et diverses manifestations organisées pour l'occasion.

J'arrive donc à Luanda, la capitale, et là, je suis victime d'un petit incident relativement désagréable. En effet, en raison de mon emploi du temps très chargé, il se trouve que je suis le dernier des invités à arriver à l'aéroport. En outre, je viens directement de Seattle qui, il faut bien le dire, se trouve quasiment à l'autre bout du monde ! Et pour couronner le tout, mon avion a un retard considérable, tant et si bien que j'atterris à l'aéroport en pleine nuit, autour de deux heures du matin, je crois. Après avoir essayé, en vain, de localiser la personne censée m'accueillir, comme c'est la règle lors de ce type de déplacements, je me décide finalement à suivre la foule des passagers pour remplir les formalités de police.

Mais il se trouve qu'en raison du cadre particulier de ma visite, je ne possède pas de visa d'entrée en Angola, ce qui pose manifestement un problème à l'agent chargé de ces formalités. Comme par ailleurs, ni lui, ni ses collègues ne semblent comprendre le français ni l'anglais, la communication s'avère très compliquée, pour ne pas dire impossible. Mes explications se heurtent à un mur d'incompréhension. En désespoir de cause, il décide de me conduire jusqu'à son supérieur hiérarchique qui prend la décision de me garder dans un local de rétention administrative, avec tous ceux qui, comme moi, apparemment, ne peuvent justifier d'un visa d'entrée.

La salle en question peut s'apparenter à une sorte de prison, en raison tant de son confort sommaire que de la mine des individus qui s'y trouvent. Je tente une nouvelle fois d'expliquer mon cas mais sans plus de succès. Je suis obligé d'espérer que quelqu'un va bien finir par se rendre compte de mon absence et en rechercher la cause. Commence alors une interminable attente. Certains de mes compagnons d'infortune dorment à même le sol. Les conditions d'hygiène sont réduites à leur plus simple expression.

Je commence à soupçonner, vu le nombre important de personnes qui se trouvent retenues (j'allais dire détenues) avec moi, que l'Angola attire beaucoup d'immigrants, ce qui, après tout, n'a rien d'étonnant dans la mesure où il s'agit d'un pays riche à l'échelle du continent africain, où toutes sortes de trafics doivent avoir lieu et, qui plus est, qui connaît encore une situation de guerre civile à ce moment-là. Ce qui justifie probablement ces mesures de sécurité.

Je ne suis vraiment pas rassuré, conscient que tout peut arriver dans un pareil environnement, d'autant plus que ceux qui m'attendent ignorent où je suis. Je tente, par signes, de me faire comprendre de certains de mes voisins, les priant de me prêter un téléphone portable, le mien ne fonctionnant manifestement pas. Après avoir essuyé plusieurs refus, je finis par en obtenir un. Immédiatement, j'appelle le Vice-ministre des Technologies, M. Pedro Teta, qui était censé envoyer quelqu'un pour me réceptionner et je lui conte ma mésaventure.

Il en est évidemment très contrarié, et même choqué. Il me précise d'abord que j'étais effectivement attendu mais que ceux qui étaient venus m'accueillir, n'ayant trouvé personne, sont repartis. Et bien entendu, il va faire le nécessaire pour remédier immédiatement à cette situation rocambolesque. A ce moment-là, j'ai déjà passé deux ou trois heures dans cette « prison ». Il contacte donc le commissaire responsable de l'aéroport pour l'informer de ce qui se passe et envoie des gens me chercher. Bien évidemment, on se répand en excuses que j'accepte avec philosophie et je ne tarde pas à me retrouver à l'hôtel... à l'aube !

A peine installé, je découvre qu'une conférence a été organisée le jour même, à mon insu en quelque sorte, au cours de laquelle je suis censé m'exprimer sur les technologies de l'information et de la communication.

D'autres intervenants, dont le Professeur Koutchmy, Cheick Modibo Diarra et un autre professeur dont j'oublie le nom, doivent également y faire des exposés sur l'espace, l'astronomie, la NASA, le CNES, les programmes spatiaux etc... Après trois à quatre heures de sommeil, je me rends donc à la conférence et fait ma présentation sur ces technologies et sur le cas particulier d'Internet. Il se trouve que mon livre « L'Internet, une chance pour l'Afrique » est sorti à peine neuf mois auparavant, en mars 2002. Ma conférence est donc centrée sur les thèmes que je développe dans mon ouvrage et je fais valoir que, si Internet n'est peut-être pas la panacée, le sésame absolu du développement, il en constitue, à n'en pas douter un accélérateur, un catalyseur, permettant d'en sauter certaines étapes, au point de devenir incontournable dans l'optique d'un développement durable.

Je me prête volontiers aux questions qui me sont posées, y réponds de mon mieux et mon humeur est excellente, évidemment bien meilleure qu'elle ne l'était quelques heures plus tôt à l'aéroport. Durant tout mon séjour, je serai remarquablement bien traité, comme s'il s'agissait de compenser l'incident initial. Mais après tout, Cheick Diarra et les autres invités bénéficieront aussi des mêmes attentions. Nous sommes tous logés dans des hôtels prestigieux, avons des chauffeurs à notre disposition pour nos déplacements, et même des gardes du corps !

Cette situation m'amuse beaucoup, je dois le dire. En effet, le premier jour, à peine levé le matin, quand j'ouvre la porte de ma chambre, je découvre un homme dans le couloir. Je ne tarde pas à comprendre qu'il s'agit de mon garde du corps attitré, même si personne n'a pris soin de me prévenir. Bien évidemment, dans la mesure où il ne comprend ni l'anglais, ni le français, la communication est réduite au minimum. Mais il ne me quitte pas d'une semelle. Cheick Diarra bénéficie, lui aussi, du même traitement.

À plusieurs reprises, il nous arrive de prendre une sorte de petit bateau pour effectuer une mini croisière. Bien que ce bateau ne soit conçu que pour accueillir très peu de passagers, trois peut-être, les gardes du corps s'arrangent toujours à trouver un petit coin ou, dans le pire des cas, ils nous suivent dans un autre bateau, en véritable professionnels qu'ils sont ! Sur le moment, je trouve cela sympathique mais un peu encombrant tout de même. Jusqu'à ce qu'un de mes interlocuteurs me rappelle que l'Angola est un pays en guerre, et qu'il n'est pas exclu que des guérilleros puissent kidnapper ou assassiner quelqu'un qui évolue dans l'entourage du Président. Ces précautions sont donc indispensables.

Le lendemain de la conférence, nous sommes conviés, Cheick Diarra et moi-même, à rencontrer le Président Dos Santos, en présence du Vice-ministre des Sciences et Technologies et de son collègue de l'Éducation nationale. L'entretien se déroule de manière très agréable, nous parlons de la conférence que nous avons faite la veille et de l'UVA. Il est bon de préciser qu'à cette époque, je suis encore Président du Conseil d'Administration de l'UVA et que Cheick Diarra en est le Directeur général. Le Chef de l'État se montre tout à fait réceptif et nous accorde, au moins, son soutien moral, nous encourageant à poursuivre dans cette voie. Je précise que la rencontre se déroule en français, langue que maîtrisent admirablement le Président et son Vice-ministre, de même d'ailleurs que la plupart des hauts responsables de l'administration du pays, ce qui n'était hélas pas le cas du personnel de l'aéroport ! Et qu'en outre, l'UVA vient alors de prendre la décision de s'ouvrir aux lusophones africains (Angolais et Mozambicains) en diffusant des cours en portugais.

Tout va donc pour le mieux. C'est à ce moment-là que survient un petit incident, du moins c'est ainsi que je l'interprète, bien que son initiateur, en l'occurrence Cheick Diarra, n'en ait sans doute pas pris conscience. Le Président Dos Santos s'exprime sur le sujet du développement, nous fait part de ses réflexions et de sa démarche en ce domaine, quand Cheick Diarra l'interrompt, à la stupéfaction des ministres présents pour se lancer dans une sorte de diatribe dont la sincérité est incontestable, mais dans laquelle il se pose en quelque sorte en donneur de leçons, affirmant qu'il est d'abord nécessaire d'avoir une vision des questions de développement – sous-entendant que le Président n'en a pas ! – avant de se lancer dans un projet que nous pourrions par la suite l'aider à mener à bon port ! Bien qu'il garde son calme, je m'aperçois que le Président manifeste une certaine irritation. Mais cela n'arrête nullement Cheick Diarra qui continue sur sa lancée, sans donner au Chef de l'État l'occasion ou la possibilité de s'exprimer.

Bref, je ne tarde pas à constater que le ton de

l'entretien s'est quelque peu refroidi. Et d'ailleurs, quand, plus tard, nous avons essayé, comme nous le faisons toujours, d'assurer un suivi de ce premier contact, si le Vice-ministre des Sciences et Technologies m'a répondu, nous ne sommes jamais parvenus à établir de réelles relations avec le Président angolais. Je reste persuadé que cet incident n'y est pas étranger. Néanmoins, la rencontre avec le Président se termine tant bien que mal et nous partons, Cheick Diarra et moi, visiter l'Université Agostino Neto, l'une des plus prestigieuses du pays et dont le recteur n'est autre que le frère aîné du Vice-ministre des Technologies, M. Pedro Teta, qui d'ailleurs nous accompagne pour la circonstance.

Nous passons donc un moment avec les deux frères et une partie du corps enseignant de l'université. Une surprise nous attend. Nos hôtes nous décernent en effet la distinction de membres honoraires de l'Université Agostino Neto, que nous recevons avec plaisir et fierté. Après quoi, nous improvisons une conférence devant un parterre d'étudiants, prévenus de la visite de deux scientifiques africains, et qui souhaitent discuter avec nous. Ils se montrent très intéressés et posent beaucoup de questions.

Finalement, nous nous disposons à prendre congé de nos hôtes quand, visitant quelques laboratoires pour clore notre visite, nous constatons que l'un d'entre eux est particulièrement démuni et doté d'un matériel tout à fait vétuste, au point que nous en venons à nous demander si quelqu'un l'utilise vraiment. Ce qui ne manque pas de nous interpeller dans la mesure où l'Angola est réputé pour être un pays relativement riche, largement pourvu en ressources naturelles, et que par conséquent une telle situation n'a pas lieu d'être. Notre étonnement est à son comble quand, au terme de cette visite, le Vice-ministre des Technologies nous offre un « cachet », très important, pour nous remercier de notre visite et des conférences auxquelles nous avons participé, l'un et l'autre, durant notre séjour angolais. Spontanément, Cheick Diarra et moi avons la même réaction, celle de décliner cette offre, non sans suggérer que cette somme soit utilisée pour remettre en état le laboratoire dont le piteux état nous avait affecté.

Finalement, après avoir assisté à l'éclipse qui constituait le clou de notre séjour, nous ne tardons à quitter l'Angola. Un dernier mot à propos du Professeur Koutchmy. Durant mon séjour en Angola, j'ai eu une discussion très intéressante avec cet éminent scientifique sur la possibilité de créer un prix, pourquoi pas un Prix Microsoft d'ailleurs, qui viendrait récompenser un étudiant dont les travaux de recherche aboutissent à un projet concret. Je ne crois pas néanmoins que ce projet ait vu le jour.

Quoi qu'il en soit, à mon retour d'Angola, séjournant quelques jours à Paris, j'ai le plaisir, à l'invitation du Professeur Koutchmy, de visiter ses locaux de recherche, situés boulevard Arago. Très impressionné par la qualité des recherches qu'il y mène avec son équipe, je ne peux m'empêcher de me faire la réflexion que le matériel dont ils disposent est relativement vétuste et d'une qualité assez médiocre, en regard au moins de la complexité des travaux qu'ils y effectuent. D'où cette interrogation : si ce savant éminent et mondialement reconnu ne dispose pas d'un matériel plus performant, qui peut en disposer ? Et qu'en est-il de la politique de la recherche en France ?

Peu de temps avant de me rendre en Angola, j'avais eu l'opportunité de rencontrer celui qui était alors le Président de Mauritanie, depuis déposé par un coup d'état, Ould Tayah. Lorsque je me rends en Mauritanie, au mois de mars 2002, c'est encore une fois à l'invitation des autorités du pays, pour y participer à une conférence scientifique. En partant, je m'arrête à Paris, le jour même de la sortie de mon livre, « l'Internet, une chance pour l'Afrique ». Ce n'est pas tout à fait un hasard dans la mesure où, anticipant mon voyage en Mauritanie, j'avais demandé à mon éditeur d'accélérer un peu les choses afin que je puisse emporter le livre avec moi là-bas.

J'obtiens satisfaction et emporte deux cartons d'exemplaires de l'ouvrage, destinés à la Mauritanie. A peine arrivé sur place, une dame de l'entourage présidentiel, m'offre ses services pour la promotion et la vente du livre. Avec un certain succès, je dois le reconnaître, puisque tous les exemplaires sont rapidement vendus, qui plus est au tarif européen ! Je donne donc ma conférence, expose les thèmes abordés dans le livre, en présence du Premier Ministre venu m'écouter.

Peu après, on me fait savoir que le Président souhaiterait me recevoir, en compagnie d'autres intervenants à cette conférence, au nombre desquels, bien sûr, l'incontournable Cheick Diarra, mais aussi l'astronaute français Patrick Baudry. Nous nous présentons donc peu après chez le Chef de l'État qui nous accueille avec beaucoup de courtoisie. Il me fait l'effet d'un homme très attentif, doté d'une grande qualité d'écoute, mais également très cultivé dans les matières scientifiques. Il discute un moment avec Patrick Baudry, évoque la mission Discovery de 1985, parle de l'espace avec une réelle compétence que je me n'attendais pas à trouver chez cet ancien militaire de carrière.

La discussion s'élargit, nous mentionnons les différentes conférences que nous avons déjà données, parlons de l'accueil qui nous a été réservé dans son pays etc… Je note que le Président semble apprécier particulièrement Cheick Diarra qui, en sa qualité de membre du staff technique de la NASA – il a travaillé sur de nombreuses missions dont la fameuse Pathfinder – s'en donne à cœur joie, avec sa volubilité coutumière, au point qu'il monopolise la parole au détriment des autres brillants scientifiques présents qui n'ont guère l'occasion de s'exprimer. La situation en devient même un peu gênante. Ayant la chance d'être venu avec mon livre, je saisis néanmoins l'occasion de le lui offrir, et parvient ainsi à avoir une discussion avec lui sur les sujets qui me tiennent à cœur.

Hormis cette atmosphère un peu particulière, la rencontre se déroule dans un excellent climat. Le Président feuillette le livre que je viens de lui remettre. Puis, pensant probablement se rendre utile, le Ministre de l'Éducation, dont je crois comprendre qu'il ne parle ni ne lit le français, « débarrasse » le Chef de l'État de l'ouvrage. Finalement, l'entretien terminé, nous partons tous, en compagnie précisément du ministre et, alors que nous nous apprêtons à entrer dans l'ascenseur, le Chef du protocole se précipite et reprend mon livre des mains du ministre ! J'avoue n'avoir pu m'empêcher d'éprouver en cet instant une certaine vanité à la pensée que le Président manifestait une attention particulière à l'égard de mon livre, vanité encouragée d'ailleurs par les propos de mes collègues, relevant et commentant la scène !

***

Autre personnalité éminente que j'ai eu l'honneur de rencontrer, et par deux fois qui plus est, le Président Thabo Mbeki, d'Afrique du Sud. Notre première rencontre a eu lieu au Mozambique, lors d'un forum économique. Ces sommets sont aussi l'occasion de réunions beaucoup plus informelles qui se tiennent à l'extérieur des locaux, sous un arbre où l'on dispose à la hâte quelques chaises, certains participants n'hésitant pas à s'asseoir à même le sol. Ambiance parfaitement décontractée et informelle, par conséquent. Et c'est de cette manière que j'ai pu rencontrer le Président Mbeki, ainsi d'ailleurs que son homologue tanzanien, Benjamin W. Mkapa et notre hôte, le Président Joaquim Chissano, qui dirigeait alors le Mozambique.

Devant le caractère très libre de ces échanges, j'ai pu aborder, une fois de plus, les thèmes qui me sont chers, à commencer bien sûr par l'UVA. Je crois d'ailleurs que mon intervention, dans ce cadre, a contribué à une meilleure connaissance de l'institution UVA et de son fonctionnement par les participants à cette manifestation, présidents et délégués africains. Une nouvelle édition de ce sommet s'étant tenue à Cape Town, en Afrique du Sud, l'année suivante, entre le 1er et le 3 juin 2005 pour être tout à fait précis, j'ai à nouveau croisé la route du Président Mbeki et de plusieurs Chefs d'État africains, dans des conditions tout à fait similaires et propices au dialogue, sans protocole, poursuivant inlassablement mon action « pédagogique ».

***

Pour en finir avec ce florilège de rencontres avec quelques-uns des leaders africains les plus influents, je mentionnerai mon entretien avec le Premier Ministre camerounais, M. Ephraim Inoni, en mars 2006 au cours duquel nous avons abordé plusieurs aspects du développement et de la diffusion des Technologies de l'Information et de la Communication (TIC) au Cameroun. A cette occasion, Je lui ai aussi fait savoir que je regrettais que nos responsables politiques aient souvent montré peu d'intérêt pour des questions aussi vitales que les TIC, notamment lorsqu'il s'agit d'apporter leur soutien à des initiatives louables prises ici et là par nos concitoyens pour contribuer à relever les défis du développement durable.

J'ai également fait valoir que la plupart de ces nombreuses initiatives locales avaient fleuri, non grâce au cadre législatif et réglementaire mais bien en dépit de celui-ci. Et qu'il était donc essentiel d'adapter ces cadres afin qu'un nombre encore plus important de projets puissent voir le jour et proliférer, car nous savons que les camerounais, placés dans un environnement propice, savent faire preuve d'une grande capacité d'innovation et d'adaptation. Je crois que le Premier ministre a été très réceptif à mes arguments.

J'ai en effet pu noter une réelle sensibilité de sa part

par rapport à l'ampleur et la complexité de la problématique liée aux infrastructures, au cadre législatif et au renforcement des capacités existantes si l'on veut véritablement agir dans un souci de développement durable. Et, alors que je prenais congé, le Premier ministre, m'a remercié de lui avoir fourni des informations indispensables pour appréhender la situation générale et mieux percevoir le sens de ma démarche. Pour ma part, je lui sais gré de m'avoir reçu pour discuter des questions ayant trait à l'avenir du Cameroun qui, comme chacun sait, me touche tout particulièrement.

***

Mais mes rencontres ne se sont pas limitées, loin s'en faut, aux leaders politiques, même si j'en ai croisé un grand nombre lorsque je présentais l'action de l'UVA et sollicitais de l'aide ou au moins un soutien. La politique n'a jamais été vraiment ma « tasse de thé », il faut bien le dire. D'autres personnages m'ont intéressé ou amusé. C'est le cas par exemple de Dennis Tito. Tito est le premier touriste de l'espace. Son séjour d'une semaine au sein de l'ISS, la station spatiale internationale, lui a tout de même coûté la bagatelle de vingt millions de dollars et suscité à l'époque, en 2001, une certaine controverse.

Tito est un ingénieur de la NASA à la retraite, un américain, devenu par la suite milliardaire dans le monde des affaires qui a un jour décidé de s'offrir le plaisir (certains diront le luxe) d'aller dans l'espace. La NASA, son ancien employeur, ayant refusé de l'y emmener, il s'est tout naturellement tourné vers les Russes qui ont donné leur accord. Au grand dam de la NASA qui ne possédait toutefois pas les moyens de s'y opposer. Dennis Tito a donc finalement séjourné dans l'espace et cette grande première mondiale lui a d'ailleurs fait une publicité considérable, sans que l'on sache très bien si le plus frappant, pour l'opinion, résidait dans le fait qu'il soit le premier touriste de l'espace ou dans les vingt millions de dollars mis sur la table pour s'offrir cette folie. Quoiqu'il en soit, le débat était lancé. N'importe qui, à condition d'en avoir les moyens, pouvait-il faire un tel voyage ?

Certes, Tito était un ancien ingénieur de la NASA mais il n'était pas parti à ce titre, mais comme un simple particulier très fortuné. Quel rapport avec Microsoft, me direz-vous ? Eh bien, il arrive fréquemment que nous recevions à Seattle des sollicitations commerciales de la part de compagnies qui, par exemple, vendent des avions, des jets privés, d'autant plus lorsqu'ils savent que certains managers, comme c'était mon cas, pilotent. Voilà qu'un jour, je reçois un appel du responsable d'une compagnie basée en Virginie, nommée Space Adventures, laquelle compagnie a justement servi d'intermédiaire entre Dennis Tito et les Russes pour le voyage spatial de l'ex-ingénieur. Pour être exact, c'est même leur raison d'être, il s'agit d'une agence de voyages spécialisée dans les vols spatiaux. Mon interlocuteur me fait part de son désir de me rencontrer et use pour ce faire d'un artifice, n'hésitant pas à prétendre qu'il sera prochainement à Seattle pour affaires. Sur le moment, ce détail ne me frappe pas particulièrement.

Ce n'est que plus tard que je réalise que, étant donné les sommes en jeu, l'investissement que représente un billet d'avion depuis Washington est assez négligeable pour celui qui estime avoir une chance de décrocher un contrat de cette envergure ! Pensant donc qu'il vient à Seattle pour d'autres motifs et qu'il s'agit là d'une heureuse coïncidence, je m'efforce de lui réserver quinze à trente minutes dans mon emploi du temps toujours très chargé. Je le rencontre donc un peu plus tard à l'hôtel Hyatt et nous évoquons, comme il se doit, l'espace et plus précisément les voyages spatiaux. Il avance un certain nombre d'arguments pour tenter de me convaincre de l'intérêt que présenterait pour moi une telle aventure.

En premier lieu, je serais le premier noir à aller dans l'espace. Pas le premier Africain en revanche, dans la mesure où Mark Shuttleworth, un blanc d'Afrique du Sud, a déjà effectué le voyage grâce à leur compagnie. Il me fait également miroiter les retombées positives que cette aventure pourrait avoir sur l'UVA, en terme de publicité. Parce que bien évidemment, en vrai professionnel, il a pris soin de faire des recherches à mon sujet avant de me rencontrer et n'ignore rien de mon background.

Il se livre donc à une sorte de présentation, j'appelle cela « make a case », pour me vendre l'idée de ce voyage. Il détaille à mon intention les très importantes retombées qu'a provoquées le voyage de Dennis Tito dans les médias, les articles dans le New York Times et les livres qui ont été écrit à la suite de cette expédition. Il va même jusqu'à laisser entendre qu'il ne serait pas impossible que je puisse récupérer ainsi une partie importante, voire la totalité de mon investissement initial. Sans me le garantir pour autant, bien sûr. L'hypothèse lui semble d'autant plus vraisemblable que je présente une spécificité importante qui ne manquera pas de générer un intérêt particulier et donc des livres etc... Il insiste à nouveau sur le bénéfice que pourrait en retirer l'UVA, quant à son image, sans négliger le coup de pouce que cela ne manquerait pas de donner au *fundraising*.

Même si je ne suis pas forcément convaincu par ses arguments, je suis cependant assez impressionné par son habileté, son professionnalisme, son sens aigu du marketing. Bien que n'ayant nullement l'intention d'aller dans l'espace, et encore moins à ce prix, même si j'ai un faible pour tout ce qui touche à ce domaine, je suis néanmoins curieux d'en savoir davantage et de poursuivre la discussion. Je fais valoir qu'il s'agit là d'une décision très importante, que je dois peser le pour et le contre et en parler avec ma famille. Nous promettons donc de nous revoir.

À l'occasion de cette nouvelle discussion, je lui indique que, malgré le grand intérêt de sa proposition, ce n'est peut-être pas la voie que je souhaite poursuivre. Bref, je lui fais savoir que je n'ai pas l'intention de donner suite. Ce qui ne le décourage en rien. D'ailleurs, entre temps, Spaces Adventures a organisé un évènement, une soirée plus exactement, qui doit se tenir en Californie, c'est-à-dire à deux heures de vol de Seattle, chez Dennis Tito justement. Bien évidemment, il me fait savoir que j'en suis l'un des invités de marque et que ma présence est très attendue.

Bien que je ne sois pas dupe, je suis, il est vrai, très intéressé par l'événement, ne serait-ce que parce qu'il me donnera l'occasion de rencontrer Dennis Tito en personne, mais aussi d'autres invités, choisis sur les mêmes critères que moi, en quelque sorte, c'est-à-dire des gens qui, d'une certaine manière, comptent dans l'industrie des nouvelles technologies, des jeunes loups de la « dot com », des millionnaires d'à peine trente ou trente-cinq ans.

C'est donc avec un plaisir teinté d'une certaine curiosité que j'accepte l'invitation. Le jour J, je me rends en Californie et arrive au domicile de Dennis Tito qui sert de cadre à la manifestation. Je ne connais évidemment pas Tito autrement que par les médias. Je ne tarde pas à constater que notre hôte possède probablement la maison la plus chère de toute la Californie, et même probablement des États-Unis... après celle de Bill Gates ! L'agent de Space Adventures m'avait bien prévenu que la demeure de Tito était évaluée à cent millions de dollars mais, à dire vrai, je pensais ce chiffre un peu surestimé dans l'intention de m'impressionner.

Une fois sur place, je ne peux que constater qu'il n'a pas exagéré. La maison – si on peut encore parler de maison – ressemble à un château à l'italienne, avec quelque chose du château de Versailles, en plus petit tout de même ! Elle est située sur la plus haute colline de Los Angeles, si bien que, où que l'on se trouve dans la ville, on peut l'apercevoir. Pour autant, pas de tape-à-l'œil, une certaine discrétion même, loin de ce que l'on a l'habitude de voir dans les reportages consacrés aux maisons les plus chères du monde où tout est conçu pour éblouir.

Je me retrouve là-bas au milieu d'une centaine d'invités

et rencontre donc le fameux Dennis Tito qui, très décontracté, me lance « Jacques, si tu pars dans l'espace, tu n'auras pas besoin d'acheter ton équipement, tu prendras le mien ! » Il faut dire que nous sommes, l'un et l'autre, plutôt de petite taille. Le ton est donné. Chez Tito, je fais aussi la connaissance de Buzz Aldrin, le deuxième homme à avoir posé le pied sur la Lune, juste après son collègue Neil Armstrong.

Il se trouve en effet que Buzz est membre du conseil d'administration de Space Adventures. Naturellement je me fais une joie de discuter avec lui de la Lune et de souligner que je n'aurais jamais imaginé côtoyer d'aussi près quelqu'un qui compte parmi nos héros. D'autres astronautes, moins connus que Buzz, figurent également parmi les invités. Ainsi qu'un nombre très important de jeunes créateurs de start-up de la « dot com », comme je m'y attendais. Tous ont été invités pour les même raisons que moi, susciter en eux le désir de voyager dans l'espace en touriste.

Nous représentons donc une clientèle potentielle importante pour Spaces Adventures, il n'y a aucun doute là-dessus et l'investissement que la compagnie consacre à tenter de nous convaincre en se déplaçant à travers le pays jusqu'à nos bureaux ou en nous invitant à des soirées prestigieuses comme celle-ci est largement justifié par les perspectives de gains que nous représentons. Les échanges sont nombreux entre les participants et Dennis Tito fait une présentation brillante de son voyage, parle de l'espace, des choses qu'il a accomplies quand il était là-haut, des raisons qui l'ont poussées à se lancer dans cette aventure, justifie le coût élevé de l'opération par les bénéfices personnels qu'il a pu en tirer, évoque ses rêves de petit garçon etc... Bien sûr, il avait les moyens de le faire et d'ailleurs, aux États-Unis, les gens qui disposent de ces moyens-là peuvent se permettre toutes les fantaisies.

Le discours est bien rôdé, très attractif, si bien que les clients potentiels semblent prendre goût à la perspective d'une telle aventure. Pour autant, je reste sur mes positions, même je suis très impressionné par tout ce que je vois et entend. Sur un plan strictement personnel, je ne m'imagine pas en train de me lancer là-dedans. Néanmoins, puisque l'occasion m'est donnée de rencontrer des gens par définition très fortunés, j'en profite, fidèle à mes convictions, pour parler de l'UVA à ceux avec qui je discute un moment, y compris Dennis Tito lui-même. Je m'efforce de lui faire comprendre que l'UVA pourrait fort bien, pourquoi pas, prendre place parmi les causes qu'il soutient.

Je dois reconnaître que, sur ce registre, rien ne s'est vraiment matérialisé, sans doute parce que ce n'était ni le lieu, ni le moment les plus indiqués pour aborder le sujet. Cela reste néanmoins un très beau souvenir, une belle rencontre dont je conserve des photos prises avec Buzz Aldrin, Tito et d'autres participants. Néanmoins, ne souhaitant pas entretenir de faux espoirs chez les responsables de Space Adventures, j'ai peu après trouvé un moyen assez honnête de leur faire comprendre que le voyage dans l'espace ne faisait pas partie de mes projets immédiats. Il ne me semblait pas correct en effet de continuer à bénéficier d'invitations et de privilèges en tous genres alors que je savais pertinemment que ma décision était irrévocable. J'ai horreur de faire perdre leur temps aux gens, c'est une question de crédibilité.

***

Dans la lignée, le prolongement de ma rencontre avec Dennis Tito, j'ai également croisé la route de Mark Shuttelworth, le deuxième touriste de l'espace. J'ai rencontré Mark à Microsoft où il était invité pour parler de son expérience spatiale. J'étais dans la salle pour assister à son intervention et, la première chose qui m'a frappée, c'est son jeune âge. J'avais entendu parler de lui, naturellement, mais je ne m'attendais pas à le trouver si jeune, moins de trente ans. Après vérification, j'obtins la confirmation de mon impression.

Mark avait effectué son voyage spatial à l'âge de vingt-huit ans. Pour évoquer le background de Mark Shuttleworth en quelques mots, je rappellerais simplement qu'il s'agit d'un jeune Sud-africain qui a fait fortune en l'espace de quelques années en créant une compagnie d'informatique – toujours les fameuses « dot com » – mais en Afrique du Sud et dans le domaine plus particulier de la sécurité sur Internet. Après avoir vu sa société connaître un développement exponentiel, Mark a eu l'idée géniale de la vendre avant que la concurrence ne s'installe, ce qui a fait sa fortune. Et comme Dennis Tito, il a ensuite souhaité s'offrir le plaisir d'aller dans l'espace. Mais, à la différence de ce dernier, Mark présentait une caractéristique qui m'intéressait.

Il a en effet créé une fondation qui subventionne des projets qui démontrent une meilleure approche du système scolaire dans le but d'améliorer à la fois la qualité et la portée de l'éducation en Afrique. Et il est en outre très impliqué dans le mouvement de l'Open Source, du logiciel libre. J'ajouterai que ma collègue du Conseil d'Administration de l'UVA, Mamphela Ramphele, par ailleurs numéro deux de la Banque mondiale sous Wolfensohn – le titre exact est Managing Director – connaît très bien Mark Shuttleworth pour avoir été Chancelière de l'Université de Cape Town lorsqu'il y était encore étudiant. Connaissant sa fondation, elle me fournit donc tous les renseignements souhaités avant ma rencontre avec Mark.

Après avoir assisté à sa présentation, je rencontre donc Mark et nous discutons un moment. Je lui parle de Mamphela qu'il connaît, naturellement, mais surtout de l'UVA, dont il a d'ailleurs entendu parler, avec en tête, comme toujours, d'éventuelles synergies possibles entre nos deux institutions, sans écarter la possibilité d'obtenir son soutien financier. A un moment donné, je lui parle tout de même de ma rencontre avec les agents de Space Adventures, de leurs sollicitations. Et là, il m'interrompt pour me dire que, si je décide de faire ce voyage, il est important que je le consulte avant de signer quoi que ce soit dans la mesure où il aurait des suggestions à me faire qui me permettraient de réduire le coût d'une telle opération. Il se montre d'une manière générale, à la fois très amical et très brillant. Je m'étonne une nouvelle fois de son jeune âge, me demandant comment, tout en accomplissant la carrière fulgurante qui a été la sienne dans la haute technologie, il a pu acquérir aussi cette impressionnante culture pour tout ce qui touche à l'espace.

Incontestablement, ce jeune homme est remarquablement intelligent et il est très agréable de converser avec lui. Toutefois, mes appels du pied quant au soutien qu'il pourrait apporter à l'UVA ou au moins à une possible collaboration entre nos deux institutions n'ont pas rencontré d'écho, à ma grande déception. Comme je suis curieux et que j'aime bien comprendre les ressorts du fonctionnement humain, je m'en suis ouvert à Mamphela qui n'a pas été surprise outre mesure de ce peu d'empressement, me rappelant que, même devenu milliardaire, Mark Shuttleworth n'avait jamais eu le moindre geste en faveur de son ancienne université.

***

Je dirai quelques mots également de ma rencontre avec Joseph Stiglitz. Joe, comme on le nomme familièrement a reçu le prix Nobel d'économie en 2001. Sa brillante carrière l'a conduit aux fonctions de Président du Conseil Économique du Président Clinton, avant de devenir économiste en chef de la Banque mondiale. C'est d'ailleurs durant son passage à la Banque mondiale qu'il a écrit un best-seller, dont le titre anglais est « *Globalization and its discontents* », sorti en France sous le titre « La grande désillusion ».

Il y dénonce avec virulence les méthodes et pratiques de la Banque mondiale, du Fonds Monétaire International et, plus généralement, des institutions financières. Sa thèse est que ces institutions contribuent, par leurs pratiques, à faire empirer la situation des pays pauvres, des pays en voie de développement, et notamment les pays africains. Sa démonstration est implacable, assortie d'exemples très précis et de données chiffrées. Il s'attarde notamment sur le cas de l'Éthiopie dont les dirigeants avaient, selon lui, une politique économique très viable qu'ils ont dû modifier radicalement sous la pression des autorités monétaires internationales, principalement le FMI, avec les résultats catastrophiques que l'on sait. Pourtant, aucune de ces institutions n'a jamais reconnu s'être trompée.

Devant le tollé soulevé par son ouvrage, qualifié de brûlot, Joe Stiglitz n'a pas tardé à démissionner, en butte à ce qu'il dénonçait dans son livre, à savoir l'intolérance et l'arrogance des gens qui sont à la tête de ces organismes. Ce qui ne l'empêche nullement de continuer à exprimer ses idées. Et c'est ainsi qu'un jour, comme beaucoup d'autres personnalités avant lui, Joe Stiglitz est invité chez Microsoft pour y présenter ce fameux livre. Dans la mesure où il s'agit d'un « ancien » de la Banque mondiale et que je partage par ailleurs ses idées qui visent à « autonomiser », responsabiliser les populations des pays en voie de développement, je me dis qu'il serait certainement très intéressant pour moi de le rencontrer et qu'un projet comme celui de l'UVA doit l'intéresser.

D'emblée, je suis surpris par la faible assistance venue l'écouter. Il s'agit quand même d'une personnalité de premier plan qui, en outre, vient d'obtenir le Prix Nobel après avoir occupé d'importantes fonctions sous Clinton et dont le livre est un best-seller ! En réfléchissant un tant soit peu, je conclus que ce n'est finalement pas si étonnant que cela dans la mesure où les théories sur papier ne sont pas dans la culture, les habitudes des *Microsofties*, plutôt tournés vers la réalisation concrète. D'ailleurs à l'inverse, la visite de Mark Shuttleworth avait obtenu un succès sensiblement plus important parce que, justement, il évoquait, lui, des réalisations tangibles.

Comme il se doit avec un intervenant de cette qualité, la présentation est très brillante, très convaincante, il jongle en virtuose avec les chiffres et les concepts. À l'issue de son exposé, comme je l'avais fait avec Mark, je me présente à lui et nous discutons un moment. Sans perdre de temps en mondanités, je lui parle de l'UVA dont il connaît la genèse ainsi que le soutien indéfectible que Wolfensohn a apporté au projet. Et bien entendu, il connaît Mamphela qui a été, en quelque sorte son supérieur hiérarchique à la Banque mondiale. Pour autant, tout en manifestant un certain intérêt, il ne me fait aucune promesse spécifique. Par la suite, je lui adresse des e-mails qui ne reçoivent que des réponses automatiques informant qu'il est en déplacement mais répondra à son retour... ce qu'il n'a jamais fait...

J'en ai éprouvé une certaine déception, je dois le dire dans la mesure où la plupart des personnalités de ce niveau que j'ai eu l'occasion de rencontrer (je ne parle pas ici de Dennis Tito ou Mark Shuttleworth mais de responsables politiques ou économiques) ont toujours maintenu une certaine forme de contact après une première rencontre. J'ai néanmoins l'occasion de l'apercevoir plus tard à Davos où il intervient, non dans le cadre officiel du Forum économique dont j'ai parlé brièvement plus haut, mais dans celui plus informel, parallèle en quelque sorte, d'un forum social improvisé qui dénonce les dérives des institutions financières internationales et où il jouit d'une grande réputation. Je suis néanmoins frustré, pourquoi le nier, qu'un homme qui professe des idées si « révolutionnaires », et tient à se montrer soucieux du sort des populations des pays en voie de développement ait fait aussi peu de cas d'un projet aussi novateur et porteur d'avenir que celui de l'UVA. La bonne nouvelle demeure toutefois que ce type d'attitude reste très exceptionnel.

***

Dans un registre plus positif, il m'a été donné l'occasion de rencontrer Steve Wozniak, « l'autre Steve » comme on a coutume de l'appeler pour le différencier de Steve Jobs, bien sûr, avec qui il a fondé Apple en 1976. Moins connu que Steve Jobs, parce qu'il est moins extraverti, beaucoup plus réservé, Steve Wozniak est un pur technicien, au sens noble du terme, et c'est probablement ce qui m'intéressait chez lui. Il est même à l'origine de la plus grande partie des réalisations techniques d'Apple, il est ainsi le père de l'Apple I, puis de l'Apple II qui a rencontré un immense succès avant qu'IBM ne lance à son tour son IBM PC dont le succès planétaire a quelque peu éclipsé le fait qu'Apple ait été un précurseur dans le domaine des ordinateurs individuels.

Derrière toutes ces réalisations, il y avait donc un homme, Steve Wozniak que j'ai toujours profondément admiré, estimant par ailleurs que quelqu'un qui avait autant fait pour la technologie n'était pas reconnu comme il le méritait. Les journalistes, les médias ont toujours abondamment mis en avant Steve Jobs, qui était certes un visionnaire et un génie du marketing, mais qui n'a jamais rien construit sur le plan technologique. Steve Wozniak aborde cette question, parmi tant d'autres, dans son livre, sorte d'autobiographie, qui lui vaut d'être invité chez Microsoft et me permet de réaliser un vieux rêve en le rencontrant quelques minutes. Naturellement, je prends soin d'acheter et lire à l'avance l'ouvrage en question.

Appartenant au monde de l'industrie informatique, je connais déjà plus ou moins le parcours de Steve Wozniak et ses réalisations. Je ne suis donc pas vraiment surpris par ce que je lis. Toutefois, une anecdote qu'il relate retient mon attention. Wozniak raconte en effet que, lorsqu'ils ont créé Apple, Steve Jobs et lui, ils travaillaient jour et nuit avec les quelques personnes qui les suivaient dans leurs projets. Et Wozniak était favorable à ce que ces collaborateurs de la première heure, qui les avaient accompagnés et épaulés dans les moments difficiles, puissent bénéficier, à titre de récompense en quelque sorte, d'un certain nombre d'actions de la compagnie. Un nombre significatif en tout cas. Il en a donc parlé avec Steve Jobs qui, pour sa part, ne voyait pas les choses ainsi et s'y est opposé farouchement et catégoriquement. Si bien que Wozniak, ne pouvant passer outre ce refus, ce veto de son associé, a néanmoins décidé, en accord avec ses principes, de vendre à un prix dérisoire, symbolique, une partie de ses propres actions à ces employés fidèles.

J'avoue que cet épisode, tel que le raconte Wozniak, et je n'ai pas de raison de douter de sa véracité, a accru mon admiration pour lui, tout en me faisant perdre une partie de l'estime que je nourrissais pour Jobs. Comme en outre, j'avais déjà en tête à cette époque le projet d'écrire quelque chose à propos des dérives des grandes compagnies, et de Microsoft en particulier, où le top management perd parfois la tête, à mon sens, en adoptant, sous la pression du marché, des mesures qui s'avèrent contre-productives sur le long terme, cette anecdote me confortait dans certaines de mes opinions et observations.

Steve Wozniak présente donc son livre chez Microsoft et, à l'issue de son exposé, j'ai le plaisir de le rencontrer en personne, en « one-on-one », en tête-à-tête. Je lui fais évidemment part de ma profonde et sincère admiration pour tout ce qu'il a accompli, tout ce qu'il a apporté à notre industrie, sans oublier de mentionner ce geste de grand seigneur qu'il a eu à l'égard des premiers collaborateurs d'Apple et qui m'a profondément marqué. Sans que nous nous disions des choses extraordinaires, il s'agit néanmoins pour moi d'une rencontre très mémorable dont je me souviendrai toujours, avec un personnage d'exception.

***

Pas véritablement une rencontre, mais une anecdote, pour finir. Un jour, je suis contacté chez Microsoft par un émissaire, ou plutôt un agent, visiblement informé de mon intérêt pour l'aviation et le pilotage, qui me fait part du projet du petit-fils de Charles Lindbergh de rééditer le vol de son grand-père qui, en 1927, avait traversé l'Atlantique en solo, de New-York au Bourget à Paris, à bord de son célèbre *Spirit of Saint Louis*. Mais bien sûr, il a besoin de sponsors d'une certaine renommée pour parrainer cette opération. Et Microsoft figure sur la liste des parrains potentiels. J'en parle autour de moi, sans grand succès il faut bien le reconnaître. On me rétorque, avec un certain bon sens je dois dire, qu'une telle traversée n'a plus rien d'héroïque aujourd'hui avec tous les systèmes électroniques de navigation dont sont équipés les avions. N'importe quel pilote est capable de réaliser un tel vol, il ne s'agit plus véritablement d'une aventure. Bref, l'intérêt d'une telle opération pour la compagnie est nul. Le vol aura néanmoins lieu, mais sans Microsoft !

***

Au moment de conclure, je souhaiterais aborder un sujet un peu délicat, tout au moins l'est-il pour moi. Comme on a pu le noter – et encore, je n'ai pas mentionné, loin s'en faut, toutes mes rencontres – j'ai eu le plaisir et souvent l'honneur d'être reçu par de nombreux Chefs d'État africains, ou à tout le moins d'avoir des conversations, souvent très constructives, avec eux. Je n'ai en revanche jamais rencontré le Président Compaoré, alors même que j'aime tout particulièrement le pays qu'il dirige, le Burkina Faso. Non que les occasions m'aient manqué. On m'a plusieurs fois suggéré qu'il serait bon, en raison des ambitions qu'il affiche pour l'Afrique, que je m'entretienne avec lui. J'ai toujours refusé l'idée même d'une rencontre avec cet homme. Je vais tenter de m'en expliquer très brièvement.

On sait que Blaise Compaoré a succédé au Président Sankara, assassiné lors d'une réunion du Conseil de l'Entente à Ouagadougou à laquelle les deux hommes participaient. Et les explications que M. Compaoré a données jusqu'ici au sujet de la disparition brutale de celui qui avait été, pendant longtemps, son frère d'armes, me semblent pour le moins insuffisantes. Même si Thomas Sankara n'était pas, loin s'en faut, un homme parfait, c'était un homme de convictions, parfois un peu idéaliste, mais dont je soutenais certaines des idées et prises de position. Et la nouvelle de sa disparition tragique et, plus encore, des circonstances qui l'ont entourée m'a profondément choquée.

Dès lors, rencontrer M. Compaoré constituerait pour moi une forme de trahison à la mémoire de Thomas Sankara à laquelle je ne peux me résoudre. Et pourtant, j'ai visité le Burkina Faso deux fois, d'abord dans la cadre du programme IT Academy que je gérais en Afrique pour le compte de Microsoft, puis, un peu plus tard, à l'occasion du Sommet de la Francophonie qui s'y est tenu en novembre 2004 où je m'étais rendu pour obtenir le soutien des différents leaders, africains et autres (le Président Jacques Chirac était présent) et leur présenter en détail le projet de l'UVA. A chaque fois pourtant, j'ai pris soin d'éviter tout ce qui aurait pu me conduire à rencontrer le Président Compaoré. J'ai rencontré les responsables les plus divers, les plus controversés parfois, sans pour autant souscrire à leurs idées. Dans le cas présent, la situation est sensiblement différente. Je dirai simplement que j'ai fait jouer ce que j'appellerais ma clause de conscience.

Quelques événements marquants

Mes années Microsoft, comme je me plais à les désigner, ont également été l'occasion pour moi de participer à des évènements significatifs et gratifiants. C'est ainsi que, par deux fois, en 2003 et 2006, il m'a été confié l'honneur de présider le Prix RFI Net Afrique. De quoi s'agit-il ? Ce prix, décerné annuellement, a pour vocation de récompenser le créateur d'un site Web – obligatoirement un Africain basé en Afrique, homme ou femme bien entendu, personne physique mais aussi personne morale – dont le site présente une utilité, apporte une valeur ajoutée dans le domaine du développement du continent africain.

Les critères retenus par le jury pour l'attribution du prix prennent en compte la pertinence du site, son interactivité et sa convivialité, son esthétique, la qualité de son contenu, bien évidemment et, en dernière analyse, son caractère novateur, son originalité en quelque sorte. L'idée même de ce prix est à mon sens extrêmement séduisante et stimulante en ce qu'elle encourage les jeunes Africains à faire preuve de créativité et à s'investir dans un projet qui apporte sa pierre à l'édifice du développement. Élément qui n'est pas à négliger, le lauréat se voit attribuer une enveloppe de deux mille euros – la somme est importante dans le contexte africain – assortie d'une invitation à passer une semaine à Paris à l'occasion de la remise du prix et d'une formation d'un mois au sein d'un campus numérique de l'Agence Universitaire de la

Francophonie dont il a été question précédemment. Sans compter bien sûr la promotion du site sur l'antenne de RFI et une campagne publicitaire dans la presse. Il s'agit donc là d'un « package » tout à fait motivant.

Les candidats ne s'y trompent d'ailleurs pas qui se pressent, de plus en plus nombreux pour concourir. La dernière édition, que j'ai donc eu l'honneur de présider pour la deuxième fois, a ainsi réuni quatre-vingt-cinq candidats ! Dix ont été sélectionnés, parmi lesquels a été choisi le lauréat final. Il est à noter que les neufs candidats malheureux bénéficieront tout de même d'une promotion sur le site www.rfi.fr ainsi que sur les antennes de la radio RFI.

Mais revenons un instant sur l'édition 2003 pour laquelle on m'avait obligeamment demandé de présider le jury. Les délibérations, comme on peut s'en douter, nécessitent de nombreuses discussions, chacun exposant ses arguments en faveur de tel ou tel concurrent. Dans le cas présent, ces délibérations s'étaient effectuées en duplex puisque je me trouvais alors dans mon bureau de Redmond, à Microsoft, tandis que les autres membres du jury siégeaient à Paris dans les locaux de RFI. Parmi les personnalités qui composaient ce jury, on trouvait les noms de Jérôme Bouvier, Directeur de la rédaction en français de RFI, Alain Le Gouguec, rédacteur en chef du Service Afrique de RFI, Philippe Couve, Rédacteur en chef adjoint du site www.rfi.com, Dominique Desaunay, producteur des émissions Le Magazine du Net et Le Magazine du Multimédia sur RFI, ou encore Nicolas Gurgand, journaliste spécialiste du multimédia et des nouvelles technologies au magazine Le Point. Un vrai parterre de professionnels, comme on peut en juger, qui conférait à ce prix un prestige incontestable.

Aux termes de notre délibération, c'est le site d'une jeune ivoirienne qui fut finalement primé d'après nos critères de sélection, sous le contrôle d'un huissier comme il se doit pour éviter toute contestation. Toutefois, il m'apparut que les deux sites arrivés respectivement deuxième et troisième de notre classement n'avaient pas démérité. En effet, j'estimais que, s'il était incontestable que le site gagnant répondait en tous points aux critères tels qu'ils avaient été préalablement définis, le poids relatif du critère d'utilité du site n'était pas assez important. Dans le cas présent, les sites classés deuxième et troisième s'avéraient très utiles pour la population africaine. Par exemple, l'un d'eux diffusait des informations sur les maladies contagieuses touchant particulièrement le continent africain, y compris le Sida, les épidémies, de manière telle qu'il pouvait contribuer à sauver des milliers de vies humaines.

Il me paraissait donc souhaitable qu'à l'avenir la valeur du contenu puisse peser davantage sur le classement que les autres critères. Forts conciliants et réceptifs, les membres du jury accédèrent à ma requête en proposant que nous mentionnions, contrairement à l'usage, les sites arrivés deuxième et troisième parmi les dix finalistes. Quoiqu'il en soit, et malgré les contraintes techniques imposées par mon éloignement géographique, les travaux du jury furent menés dans un esprit de grand sérieux et d'efficacité au service d'une cause qui, comme chacun sait, m'est particulièrement chère.

À tel point que quand je suis à nouveau sollicité, trois années plus tard, pour présider le jury du Prix 2006, je n'hésite pas une seconde et accueille cet honneur avec beaucoup de plaisir. Le jury réunit à nouveau d'éminentes personnalités. Dominique Desaunay, Chef du service développement multimédia et producteur de l'émission Net plus ultra, déjà présent la première fois, y côtoie Henri Périlhou, Directeur de l'antenne Afrique de RFI, Noëlle Velly, Directrice de l'antenne multimédia de RFI, Josette Shaje Tshiluila, Directrice du Bureau Afrique de l'Ouest de l'Agence Universitaire de la Francophonie et Maha Bulos, Directrice à l'UNESCO. La nouveauté, par rapport à l'édition 2003, c'est que l'UNESCO compte aujourd'hui au nombre des soutiens du Prix RFI, aux côtés notamment de l'Agence Universitaire de la Francophonie (qui offre au lauréat, rappelons-le, un mois de formation sur les technologies de l'information sur l'un de ses campus numériques), ce qui en renforce encore le prestige et la notoriété.

Les quatre-vingt-cinq candidats qui se sont présentés sur la ligne de départ cette année l'ont d'ailleurs fort bien compris. Les délibérations, comme on peut aisément l'imaginer, n'ont pas été faciles, même si elles se sont déroulées dans un excellent climat de travail. Un détail d'ordre statistique qui mérite d'être souligné : deux pays, sur la vingtaine de pays francophones que comptent l'Afrique occidentale et du Nord, ont fourni, lors de cette édition, chacun dix-huit concurrents, ce qui est énorme. Il s'agit du Sénégal et du Cameroun.

La plupart des autres pays ont envoyé pour leur part un ou deux candidats. Je note en revanche avec une certaine déception que la Côte d'Ivoire, où j'ai passé un an dans le cadre du programme IT Academy et dont une ressortissante l'avait emporté en 2003 n'a pas de participant cette année. Mieux encore, sur les dix finalistes, cinq sont camerounais. Ils fourniront d'ailleurs le vainqueur, François Ossama – dont la victoire, éclatante, ne souffre pas la moindre contestation – et son dauphin. Je n'ai pas d'explication à fournir, si ce n'est que le Cameroun est particulièrement réceptif aux nouvelles technologies, comme on peut le constater par exemple avec la formidable explosion du téléphone portable. Je ne peux que souhaiter longue vie à cette superbe initiative, magnifiquement organisée, que constitue le Prix RFI Net Afrique.

Dans un tout autre registre, on m'a fait l'honneur de me demander, en 2005, de présider un débat dans le cadre de la Commission dite Blair. La Commission sur l'Afrique est en effet une idée du premier Ministre britannique Tony Blair qui a estimé, dans le cadre du G8 qui se tient, comme on le sait, tous les ans et dont la Grande-Bretagne se trouvait alors être l'hôte, le moment opportun pour soumettre une proposition qu'il voulait originale. Il s'agit d'une sorte de Plan Marshall pour l'Afrique, dans la lignée du fameux plan d'aide économique dont avait bénéficié l'Europe après la Deuxième Guerre Mondiale.

Dans un premier temps, avait été constitué un groupe de réflexion chargé de s'interroger sur l'avenir de l'Afrique et de dégager des pistes qui permettent d'aider ce continent à sortir enfin du marasme dans lequel il est englué depuis trop longtemps. Rien de bien nouveau sous le soleil africain en réalité, si ce n'est toutefois la composition de ladite commission qui, formée d'éminentes personnalités, compte au moins une bonne moitié d'Africains, après tout, les premiers concernés.

À l'issue de nombreuses rencontres et discussions, ces personnalités ont remis un rapport – Rapport de la Commission Blair sur l'Afrique – dans lequel elles faisaient un certain nombre de propositions à M. Blair, celui-ci saisissant ensuite l'occasion du Sommet du G8 pour les présenter de manière solennelle à ses homologues des pays les plus riches de la planète. Or, il s'est trouvé que, peu de temps après la sortie de ce rapport, je devais me rendre au Sommet économique de Cape Town, en Afrique du Sud, déjà évoqué brièvement dans le chapitre précédent. Et, dans le cadre de cette manifestation, en tant qu'invité appelé à intervenir, il m'a été demandé d'animer une discussion autour de ce rapport. L'ayant étudié en détail, je n'ai pu manquer de constater que la plupart des propositions qu'il présentait n'étaient en rien nouvelles, avaient déjà été formulées sous d'autres cieux et en d'autres temps mais n'avaient pour autant jamais été appliquées ou alors fort mal. Ce qui illustre assez bien le côté récurrent, répétitif de l'éternel débat sur le développement de l'Afrique.

De là à penser que M. Tony Blair a voulu redorer un blason terni par son très impopulaire engagement aux côtés des Américains dans le conflit irakien, il n'y a qu'un pas que nombre d'observateurs n'ont pas hésité à franchir. Et si l'on s'attarde aujourd'hui, plus d'une année après sa publication, sur les suites concrètes qu'ont pu connaître les propositions issues de ce rapport, force est de constater qu'il n'y a pas grand-chose d'intéressant à relever. Toujours est-il que les discussions que j'ai animées à Cape Town, centrées sur le thème de l'éducation, perçue comme un volet essentiel du développement, m'ont fourni une nouvelle occasion de promouvoir largement l'UVA, ses objectifs et son action concrète.

C'est en effet en qualité de Président du Conseil d'Administration de cette institution que j'avais été convié à ce sommet. Je m'en suis donc donné à cœur joie comme on peut l'imaginer ! Non sans déplorer que, bien que l'éducation tienne une large place dans le rapport de la Commission Blair, aucune aide concrète, aucun soutien conséquent aux institutions déjà en place telles que précisément l'UVA – mais pas seulement – n'ai été engagés à ce jour. Comme s'il existait un déphasage entre les intentions, j'irai jusqu'à dire les promesses, et l'action concrète sur le terrain. Ce qui me déçoit quand même un peu de la part d'un homme comme Tony Blair dont la sincérité m'apparaissait réelle. Mais la volonté politique ne suffit pas. À croire qu'il existe une sorte de malédiction africaine qui frappe inexorablement tout projet d'envergure conçu à son intention par les pays du Nord !

***

Pour clore brièvement ce court chapitre, je mentionnerai qu'il m'est arrivé plusieurs fois d'intervenir sur les thèmes de l'éducation, du développement, des nouvelles technologies sur des campus universitaires, en dehors même des campus africains où je me suis rendu très fréquemment. C'est ainsi que j'ai eu l'occasion de m'exprimer sur ces sujets passionnants dans des institutions aussi prestigieuses que les Universités d'Harvard ou de Stanford, répondant à des invitations qui m'étaient faites.

Ma dernière visite à Harvard date d'avril 2005. J'avais été convié par les étudiants de maîtrise de ce qu'ils appellent « school of education », c'est-à-dire des jeunes gens et jeunes filles qui préparent un master of education. J'y ai développé mes idées sur ce que devrait être une éducation moderne, sur l'apport des nouvelles technologies à l'enseignement, sans négliger de leur présenter l'UVA, soucieux de persuader nombre d'étudiants et même d'universitaires de cette très prestigieuse enceinte de la pertinence d'une collaboration, dans la mesure où l'UVA, est un projet viable qui bénéficie déjà du soutien d'institutions aussi réputées que le MIT qui met par exemple ses cours en ligne et permet à tout un chacun d'y accéder. Comme j'aime à le répéter, la connaissance présente cet avantage incontestable sur les autres richesses qu'on peut la partager sans s'appauvrir. Mieux encore, il y a fort à parier que l'on s'enrichisse ainsi des connaissances que d'autres voudront bien partager à leur tour !

Mon voyage en Inde

Je pourrais dire, sans exagérer, que j'ai engagé, depuis ma jeunesse, une espèce de commerce à la fois intellectuel et affectif avec l'Inde. J'ai en effet toujours éprouvé une sorte de fascination à l'égard de ce pays gigantesque, de sa culture, je devrais plutôt dire ses cultures, si diverses, de la formidable vivacité de son industrie cinématographique, et cette incroyable coexistence entre un système politique incontestablement démocratique et la survivance d'une société de castes héritée d'un autre âge. Sans compter, depuis quelques années, le dynamisme extraordinaire dont fait preuve ce pays dans les domaines scientifiques et technologiques. Rien de tout cela ne pouvait me laisser indifférent. J'ai en outre été profondément marqué, dès mon plus jeune âge, par la personnalité hors du commun de Gandhi, qui est en quelque sorte le père de l'Inde moderne, celui qui l'a menée à l'indépendance avec une sérénité obstinée qui force le respect.

De la même manière, j'ai toujours éprouvé la plus profonde admiration pour Mère Teresa qui, pour le monde entier, restera Mère Teresa de Calcutta. Une anecdote me revient. Lorsqu'elle disparut en septembre 1997, je me trouvais à Washington DC. Comme des millions de personnes à travers le monde, j'appris la nouvelle par la télévision. Dans son intervention, le présentateur du journal indiquait que, ceux qui souhaitaient rendre hommage à cette femme admirable, pouvaient aller déposer des fleurs devant l'Ambassade de l'Inde à Washington. Spontanément, il m'est apparu que je devais le faire, que je ne pouvais pas ne pas m'y rendre. J'avais conscience que cette démarche était importante et que je me devais, à mon humble niveau, d'y participer. Pour pouvoir dire plus tard à mes petits-enfants que j'avais vécu ce jour, que j'étais allé déposer une gerbe devant l'Ambassade de l'Inde en hommage à Mère Teresa.

Je me suis donc rendu sur place et là, devant le bâtiment diplomatique, j'ai contemplé la statue de Gandhi, une très belle statue, grandeur nature, où ce grand homme est représenté tel que nous le gardons tous en mémoire, à moitié nu, « le Fakir à moitié nu » comme le nommait, dédaigneusement Sir Winston Churchill. Mais pour moi, cette modestie, cette ascèse jusque dans le vêtement représentaient exactement l'inverse de ce que raillait Churchill. La vraie simplicité, la sincérité, une forme de pureté. Et, tandis que je m'émerveillais devant la statue de Gandhi, je me suis mis à songer à Martin Luther King pour qui j'éprouve aussi la plus profonde et totale admiration. A cet instant, ces deux hommes d'exception étaient unis dans ma pensée, parce qu'ils étaient tous deux, bien sûr, des apôtres de la non-violence, mais aussi des personnalités incroyablement fortes dont la pensée, toujours profonde, forçait le respect. Des leaders charismatiques, tous deux hélas assassinés tragiquement.

Pour en revenir à l'Inde du présent, depuis mon arrivée à Microsoft, j'avais eu à de nombreuses reprises l'occasion de travailler avec des Indiens, dans le développement de logiciels par exemple. Et j'avais régulièrement été frappé par leur intelligence brillante. En outre, ne perdant jamais de vue, même dans mes activités à Microsoft, mon engagement en faveur de l'Afrique, et toujours à l'affût des opportunités que me fournirait ma position au sein de la compagnie pour donner un coup de pouce au développement du continent africain, j'avais pu constater, en discutant avec mes collègues indiens, que nous étions, si je puis dire, sur la même longueur d'onde, partagions les mêmes valeurs, les mêmes points de vue. Sans doute parce que nous étions confrontés aux mêmes problèmes de pauvreté et de sous-développement. À cette différence non négligeable près que l'Inde est une démocratie solide, la plus grande de la planète en nombre d'habitants, tandis que l'Afrique n'est pas particulièrement réputée pour abriter des démocraties modèles !

Mes interlocuteurs indiens ne relevaient toutefois jamais ce point, cette différence fondamentale, comme si, pour eux, la démocratie allait de soi. J'étais donc sans cesse amené à leur rappeler cet élément à mon sens déterminant, sinon dans le succès du modèle indien, du moins dans sa montée en puissance. Je suis en effet persuadé que la démocratie a joué et joue encore un rôle déterminant dans ce processus. A tel point que, si j'observe avec intérêt le développement accéléré de la Chine et ses indéniables succès dans de nombreux domaines, il m'apparaît que toutes ces avancées spectaculaires pourraient fort bien s'évanouir en fumée du jour au lendemain ou presque, pour la bonne et simple raison que la Chine n'est pas, justement, une démocratie, et qu'elle reste à la merci de brusques changements à la tête de l'État.

Fort de tous ces sentiments mêlés mais très positifs, mon désir de visiter l'Inde se faisait sans cesse plus intense. J'ajouterai que, dans mon livre « L'Internet, une chance pour l'Afrique », le message, très simple, que je délivrais, était le suivant. Avec les moyens que nous offrent aujourd'hui les nouvelles technologies comme Internet, et à condition qu'ils soient utilisés de manière rationnelle et efficiente, il est tout à fait envisageable de sortir n'importe quel pays en voie de développement – et notamment bien sûr les pays africains – de la pauvreté. Or il se trouve que l'Inde, précisément, applique les méthodes que je prône dans mon livre avec les succès considérables que l'on connaît. Le moment m'apparaissait donc plus qu'opportun d'aller me rendre compte sur place de la manière dont tout cela fonctionnait, ma connaissance de l'Inde étant jusqu'ici purement livresque ou de seconde main. Un autre événement allait précipiter ma décision.

Alors que je me trouvais en Côte d'Ivoire pour mener à bien le projet IT Academy, j'avais eu l'occasion de rencontrer, de manière relativement fortuite, des responsables Indiens venus faire une présentation au Président Gbagbo. Il se trouvait que j'étais présent lors de ce rendez-vous et que, très vite, ils m'ont manifesté un intérêt très soutenu. Ils avaient, semble-t-il, beaucoup entendu parler de moi et recherchaient quelqu'un avec un profil similaire au mien qui soit en mesure de diriger leur entreprise qui avait l'essentiel de ses activités en Inde. C'est ainsi que le dialogue s'engagea. Par la suite, nous sommes restés en rapport par l'intermédiaire d'un homme nommé Anshumali Bhushan qui faisait office de contact et avec qui j'échangeais régulièrement des e-mails. Anshumali essayait sans relâche de me convaincre de les rejoindre. Il devenait dès lors indispensable pour moi de faire le voyage jusqu'en Inde, à la fois pour observer *in vivo* le modèle indien à travers le prisme de ma connaissance de l'Afrique, et aller à la rencontre d'Anshumali qui travaillait pour le compte de la compagnie Genesis, celle-là même qui déployait tous ses efforts pour m'attirer à sa tête.

Quelques mots pour mieux cerner Genesis justement. Il s'agit d'une SSII (société de service en ingénierie informatique) spécialisée dans le développement de logiciels et la prestation de services informatiques. Bien que la plupart de ses activités se trouvent en Inde, elle n'en dispose pas moins de représentations dans quatre pays dont les États-Unis.

Un jour d'avril 2006, je me trouve à Nairobi, la capitale du Kenya, pour assister au Conseil d'administration de l'UVA dont, je le rappelle, le siège social est situé dans ce pays d'Afrique de l'Est. La proximité géographique m'encourage à mettre à exécution mon projet, mon rêve même, de me rendre en Inde. L'occasion est trop belle, il faut la saisir. Une fois arrivé à Nairobi, j'appelle ma femme, à Seattle, et lui fait part de ma décision, avec enthousiasme et aussi pas mal d'excitation. Et c'est à ce moment-là que, comme toujours serais-je tenté de dire, Microsoft me sollicite pour mener à bien un projet évidemment très important et qui, bien entendu, ne peut pas attendre.

Pourtant, dans ma tête, tout est clair, ma décision est

prise et rien ne saurait me détourner de mon objectif. Il me faut donc convaincre Microsoft que je suis indisponible, ce qui ne se fait pas sans mal comme on peut aisément le concevoir. Je pars néanmoins pour l'Inde à la date convenue et... advienne que pourra ! Je précise, mais cela va sans dire, qu'il s'agit d'un voyage strictement privé, au sens où il ne s'inscrit, comme on l'aura compris, dans le cadre d'aucune mission si ce n'est celle que je m'assigne à moi-même !

Arrivé en Inde, j'ai deux objectifs principaux. Le premier est, naturellement, de rencontrer concrètement Genesis et ses dirigeants avec qui j'entretiens une correspondance suivie. Le deuxième consiste, beaucoup plus humblement à me fondre, autant que possible dans la foule, pour observer, de l'intérieur, à hauteur d'homme, ce pays qui me fascine depuis si longtemps et essayer de le comprendre un peu en espérant pouvoir ensuite transposer le fruit de mes observations au cas particulier de l'Afrique. Car je suis ainsi fait que, même en Inde, c'est à l'Afrique que je pense. Mes premières visites indiennes me conduisent au sein de leurs universités les plus prisées dans le domaine scientifique, les fameux *Indian Institutes of Technology* (IIT) implantés sur plusieurs campus. J'en visite ainsi trois ou quatre, dont le campus de New Dehli où je suis reçu avec beaucoup de chaleur et, j'allais dire, d'affection.

Sans exagérer, je dirais que la présence au sein de l'institution d'un manager de Microsoft suscite un certain émoi et draine un nombreux public. La raison en est fort simple. La renommée de Microsoft est immense à travers le monde et tout particulièrement dans un temple de la technologie comme celui où je me trouve alors. Si bien que nombre de futurs diplômés de cet IIT aspirent à décrocher un jour un job chez Microsoft qui constitue en quelque sorte le symbole même de la réussite. Et, si mon voyage est, comme je l'ai souligné, purement privé, je n'ai aucune raison de cacher mon appartenance à la compagnie de Redmond, d'autant que mes hôtes ne se sont pas privés d'annoncer à leurs étudiants ma qualité. Nombreux sont donc ceux qui souhaitent pouvoir dialoguer un moment avec le manager de Microsoft qui leur rend visite.

Le Professeur S.K Jain qui dirige le Centre d'Entrepreuriat du campus de New Dehli étant retenu par la remise de diplômes aux élèves, mon guide se trouve être un des cadres de Genesis, un collègue d'Anshumali par conséquent, qui se nomme Indrajeet. C'est un ancien du campus informatique d'IIT, extrêmement brillant.

Pour la petite histoire, il faut imaginer que, sur plus d'un million de postulants, neuf mille seulement avaient été retenus et qu'il figurait au sixième rang de ces neuf mille. Il avait d'ailleurs ensuite poursuivi ses études par un doctorat en informatique. J'ai donc la chance et le bonheur d'avoir pour guide un brillant ancien de cette institution. Je visite le campus en sa compagnie et il me mène ensuite jusqu'au Professeur Jain, son ancien maître. Celui-ci se montre tout à fait ravi de me recevoir et émet le souhait que je m'adresse à ses étudiants. Un peu pris au dépourvu, j'improvise donc un discours, une sorte d'exposé que j'axe sur l'entreprise et, plus précisément, sur une question toute simple qui me vient alors à l'esprit et que je soumets à la sagacité de mes auditeurs : à qui appartient l'entreprise ?

Après avoir hésité un instant, comme s'il cherchait à déceler le piège dans ma question, un élève doctorant se lance finalement en répondant que l'entreprise appartient à ses actionnaires. C'est effectivement la réponse classique, celle qui vient immédiatement à l'esprit, bref une réponse presque prosaïque. Il se trouve pourtant que je ne partage pas tout à fait cette vision de l'entreprise. Je me range plutôt aux côtés de l'économiste autrichien Schumpeter qui regarde l'entreprise comme une organisation qui doit vivre en symbiose avec son milieu, c'est-à-dire avec tous ceux qui interviennent dans sa vie, ses actionnaires bien sûr, mais aussi ses fournisseurs, ses salariés et ses clients. Autrement dit, dans le contexte actuel, je pense ici principalement au contexte international, celui que nous impose la mondialisation, j'affirme qu'il est nécessaire et même indispensable de replacer l'Homme au centre de l'entreprise.

La réponse de cet étudiant ne me satisfait donc pas tout à fait mais j'ouvre le débat et s'ensuit une discussion riche et féconde avec les élèves. Je suis ravi de cette rencontre fortuite avec les étudiants auprès de qui, comme on le sait, je me sens toujours très à l'aise, au point que j'aime à dire qu'ils constituent mes interlocuteurs privilégiés où que je me trouve. Parce que j'apprends autant d'eux qu'ils apprennent (je l'espère) de moi. A l'issue de cet intermède si réussi, j'ai un entretien avec le Professeur Jain dans son bureau.

Ma première question est pour lui demander de m'expliquer le modèle indien et ce qui constitue, à son sens, les raisons de son succès incontestable. Immédiatement, il souligne l'importance des relations entre l'entreprise et l'université, et plus spécifiquement les pôles technologiques qui ont été créés au sein même de celles-ci. Les échanges sont ainsi permanents entre le monde universitaire et le monde de l'entreprise, les entrepreneurs ou les managers comme moi n'hésitant jamais à venir échanger avec les étudiants. Il n'y a donc pas de rupture, de cloisonnement entre ces deux univers, les étudiants passant naturellement de l'un à l'autre. Là réside, selon lui, la clé du succès des IIT et, plus largement, du modèle indien. Voilà en effet un pays, parmi les plus pauvres de la planète, quasiment dépourvu de ressources naturelles et qui, en l'espace d'à peine deux décennies est devenu une superpuissance technologique !

***

Un deuxième volet de ma visite en Inde est consacré à des rencontres avec les dirigeants de ces fameuses SSII si performantes. J'attache beaucoup d'importance à ces échanges dans la mesure où j'entends bien tenter de cerner leurs particularités, en un mot, ce qu'ils font que les autres ne font pas. Je rencontre ainsi toute une série de dirigeants dont Anil, qui est précisément à la tête d'une de ces SSII. Au cours de notre conversation, je lui pose tout à coup la question suivante : « Que diriez-vous à un Américain – Anil connaît un peu les États-Unis pour y être déjà venu – qui voit son job partir pour l'Inde, dans le cadre des fameuses délocalisations ? »

La réponse fuse, aussitôt, très sèche : « Je lui dirais de venir s'installer en Inde ! » Nulle provocation dans ses propos, juste la force de l'évidence. Il y a du travail en Inde, donc celui qui veut travailler peut venir s'y installer, c'est aussi simple que cela. J'imagine cependant le choc qu'éprouverait un Américain à qui l'on annoncerait que, pour travailler, il lui faut partir s'installer en Inde ! Cette anecdote met surtout en lumière le « gap » qui existe entre la manière de penser l'entreprise, le travail, en Occident et celle qui anime les pays en développement. Il est sans doute temps en effet pour les Occidentaux de, selon les termes mêmes d'une expression typiquement américaine, « think outside of the box », c'est-à-dire sortir de leur tour d'ivoire et penser différemment, de manière un peu moins étriquée et nombriliste.

Quoi qu'il en soit, la surprise passée, la réponse d'Anil m'apparaît d'une logique implacable et nous poursuivons notre discussion en profondeur. Bien sûr, les prestations des sociétés indiennes sont de 30 à 50% moins chères que celles des entreprises occidentales. Mais l'argument du coût n'explique pas tout. Les clients sont toujours prêts en effet à payer davantage pour une prestation de qualité supérieure.

Mais les Indiens ont justement un sens du professionnalisme tout à fait rare et des méthodes éprouvées dans leurs prestations de services. De même dans leurs techniques de développement des logiciels, pour s'en tenir à un domaine que je maîtrise parfaitement. En étudiant de plus près le modèle indien, j'ai de plus en plus la conviction que tout part de l'excellence de leur système éducatif, bien pensé, valorisé par une collaboration constante avec l'entreprise.

Ces observations vont tout à fait dans le sens de ma propre conception du développement en ce que j'ai toujours fait en sorte de me mettre du côté de l'action, du concret. Je respecte bien entendu les théories, il n'y a pas de sciences sans théories. Néanmoins, une théorie qui ne serait pas transposée dans l'action, dans des réalisations concrètes mais se bornerait à échafauder des conclusions abstraites ne présente à mes yeux que peu d'intérêt car notre monde, celui dans lequel nous vivons tous les jours, n'est pas un monde abstrait.

Mon séjour en Inde me conforte donc dans l'idée qu'il est temps que les Africains regardent leurs problèmes sous cet angle-là. On a souvent montré du doigt, moi le premier, l'inadéquation entre la formation en Afrique et les besoins sur le terrain. C'est à ce mal profond que des projets comme l'IT Academy ou encore l'UVA, bien sûr, ont l'ambition de s'attaquer. Mon expérience indienne renforce mes convictions profondes sur ce point. Les Indiens sont des gens de terrain qui réussissent très bien dans leur domaine, tout simplement parce que leur système éducatif les a préparés, formés à anticiper les problèmes du terrain.

Vers la fin de mon voyage, après avoir visité pas mal de SSII indiennes tout à fait performantes et intéressantes, je rends visite à des entreprises occidentales implantées en Inde, d'une manière ou d'une autre, qu'il s'agisse de succursales ou de centres de développement. Pour ce faire, je vais à Bangalore, qui est un peu la Silicon Valley indienne. En réalité, il y existe plusieurs pôles du même type en Inde. Un à Noida, à la périphérie de New Dehli, un autre à Hyderabad, et un troisième à Bangalore qui est peu le symbole de cette Silicon Valley indienne. Je visite donc quelques entreprises telles que IBM, Cisco, Yahoo, Google, HP et, bien entendu Microsoft. Une chose me frappe, à l'occasion de ces visites. En effet, toutes ces entreprises me donnent l'impression de fonctionner quasiment vingt-quatre heures sur vingt-quatre avec une main-d'œuvre abondante et de grande qualité ! Avec un mélange de perplexité et, somme toute, d'affection, je pense à l'Europe, à la France et ses fameuses trente-cinq heures. Ici, en Inde, la préoccupation principale semble être de trouver des moyens de travailler davantage, tandis que, dans le même temps, les Français essaient à toute force de travailler moins. Difficile de concevoir philosophies plus opposées.

Loin de moi l'intention d'affirmer qu'il faut travailler sans cesse davantage, je me borne juste à constater un décalage flagrant entre deux conceptions du travail, décalage ou contraste, appelons-le comme on veut, qui ne saurait être sans conséquences dans le contexte économique de mondialisation que connaît l'industrie aujourd'hui. Il y aura forcément un prix à payer si on ne tient pas compte de cette donnée essentielle, ce nouveau paradigme en quelque sorte.

Je constate également que les salariés de ces entreprises manifestent une grande passion et un réel enthousiasme à l'égard de leur travail. Il est vrai qu'après tout, si leurs salaires ne sauraient rivaliser avec ceux de leurs homologues occidentaux, ils sont néanmoins très confortables compte tenu du niveau de vie indien. Ils bénéficient donc à plein de l'expansion de l'industrie de leur pays et en perçoivent une partie des bénéfices, ce qui justifie pleinement cette motivation effrénée qui est tout à fait frappante.

Corrélativement, je constate que Bangalore est en train de devenir, à l'échelle de l'Inde, bien sûr, une ville chère, au fur et à mesure que la région s'industrialise et connaît une croissance foudroyante, au point qu'il devient difficile, sinon impossible, d'y trouver un appartement à un prix abordable. Toutes ces observations sont très enrichissantes dans l'optique qui est la mienne de m'inspirer du modèle économique indien pour en tirer le meilleur parti pour l'Afrique.

Ma toute dernière visite est naturellement pour Genesis, la compagnie pour laquelle travaille Anshumali, celle qui me « courtise » depuis quelque temps déjà. Le siège de Genesis se trouve à Noida, banlieue industrielle (on parle ici d'industrie technologique) de New Dehli, sorte de Silicon Valley au même titre que Bangalore. Sur place, je rencontre le personnel de l'entreprise, une cinquantaine de personnes qui me réservent le plus chaleureux des accueils. J'entame aussitôt des discussions avec eux au sujet de leur travail, pour comprendre ce qu'ils font et la manière dont ils s'y prennent, et je ne tarde pas à être conquis par le formidable potentiel que je décèle, tant sur le plan humain que technologique. Il faut dire, par exemple, que quatre des neufs managers de la société sont d'anciens étudiants de l'*Indian Institute of Technology*, donc a priori des gens brillants et surtout bien formés aux exigences de l'activité de SSII. En revanche, si leurs compétences techniques m'apparaissent au-dessus de tout soupçon, je conviens avec eux qu'il leur manque un leader, quelqu'un qui pourrait donner une réelle impulsion à leur business plan, proposer une vision à moyen ou long terme et la partager avec eux. Insensiblement, au fil des entretiens, je commence à percevoir que je pourrais être celui-ci, en tout cas je me sens à la hauteur de ce défi qu'ils me demandent de relever. Je demande toutefois un délai pour réfléchir après mon retour à Seattle, au mois de mai 2006, une telle décision étant, on s'en doute, lourde de conséquences. Et, parvenu au terme de mes réflexions, après avoir longuement pesé le pour et le contre, je décide en juillet, très exactement le 3 juillet, de quitter Microsoft – en septembre, le temps d'effectuer mon préavis – pour rejoindre Genesis en qualité de PDG.

Ainsi que je l'ai raconté dans un chapitre précédent, ma décision intervient deux semaines après l'annonce par Bill Gates de son retrait de toute activité et responsabilité opérationnelles. Je suis donc aujourd'hui PDG de Genesis, basé à Seattle ou la société possède un bureau même si l'essentiel des opérations en terme de développement de logiciels se font en Inde. Mes responsabilités m'amènent à voyager très souvent, en Inde bien sûr, mais aussi en Afrique ou en Europe où j'effectue des missions pour le compte de mon nouvel employeur. Ce qui ne m'empêche pas de continuer à être consultant pour Microsoft, sur des projets touchant à la *Business Intelligence*.

***

Pour conclure ce chapitre, j'aimerais préciser quelque chose qui me tient à cœur. Le véritable tournant, le bénéfice majeur de mon voyage en Inde, ce n'est pas Genesis, comme une analyse hâtive pourrait le laisser croire. Je n'allais pas en Inde pour chercher un job mais pour comprendre le fonctionnement d'un système qui avait fait ses preuves dans un pays en voie de développement et, à partir de mes observations, tenter d'établir des passerelles entre l'Inde et l'Afrique. C'est tout le sens de mon action et j'ai déjà commencé à œuvrer dans cette direction, celle d'une mutualisation des savoirs, des connaissances et, dans un futur proche, d'un véritable transfert des compétences et des technologies. Et je ne compte pas m'arrêter en chemin !

La Vie après Microsoft

L'équipe de Direction de Genesis en 2007

L'Adieu à Microsoft

La décision de quitter Microsoft, même pour un challenge aussi passionnant que celui que me proposait Genesis n'a pas été facile à prendre. En effet, lorsque j'ai rejoint Microsoft en 1997, c'était avec beaucoup de projets, d'enthousiasme et d'espérance. Une fois à Redmond, je m'imaginais très bien y rester pour très longtemps. Parce que j'ai longtemps pensé que c'était vraiment le job idéal pour moi. La culture d'entreprise n'était pas un vain mot chez Microsoft et d'emblée, j'avais été impressionné par tout ce qui faisait la singularité de cette compagnie hors norme.

Cette absence de hiérarchie pesante, le caractère informel des relations entre les salariés quel que soit leur niveau de responsabilités, le bouillonnement créatif incessant constituaient un cadre au sein duquel je me voyais bien m'épanouir et accomplir une longue carrière. Qui plus est, au-delà de ces caractéristiques déjà excitantes en elles-mêmes, je pensais que Microsoft constituait la meilleure plate-forme possible pour réaliser mon autre rêve, celui de servir l'Afrique, directement ou indirectement, en utilisant les formidables atouts qu'offrait un tel environnement. J'avais donc toutes les raisons d'être loyal à Microsoft et de ne pas envisager l'éventualité d'un départ. C'était vraiment, je je répète, le job parfait, celui en tout cas dont j'avais toujours rêvé.

Pourtant, au tournant des années 2000, j'ai senti que les choses changeaient. Microsoft commençait à avoir quelques sérieux démêlés avec la justice américaine et le gouvernement fédéral dans le procès anti-trust. Ma loyauté ne s'en serait probablement pas trouvée affectée si la réaction de la direction dans ces circonstances ne m'avait pas semblé indigne de ce que j'attendais d'une compagnie de l'envergure de Microsoft, je m'en suis déjà expliqué précédemment. J'ai alors estimé qu'il y avait eu d'incontestables erreurs dans la communication de l'entreprise dans cette affaire, qui ne pouvaient qu'être perçues comme de l'arrogance dans un tel contexte. Sans même parler de la déclaration de Steve Ballmer, numéro 2 de Microsoft qui, s'adressant à Janet Reno, ministre de la justice, s'était écrié : « Go to Hell, Reno ! » (Allez en Enfer, Reno !).

C'est un euphémisme de dire qu'une telle réaction n'a fait honneur ni à Steve Ballmer, ni, ce qui est bien plus grave, à Microsoft. Toujours est-il que dans ce climat assez délétère, Bill Gates a néanmoins trouvé le courage, la dignité de se retirer, cédant son fauteuil de PDG à Steve Ballmer, justement, pour rester simplement Président du Conseil d'Administration. Enfin, il ne s'est pas retiré tout à fait puisqu'il s'est offert à cette occasion une nouvelle casquette, celle de « Chief Software Architect » (architecte en chef des logiciels), une fonction beaucoup plus technique, plus proche du terrain. Pour avoir vécu cette période de l'intérieur, il m'a alors semblé que, du 1er janvier 2000, date à laquelle ces remaniements ont été annoncés, jusqu'au milieu de l'année 2004, une sorte de malaise s'est installé chez Microsoft.

Tout d'abord, si l'on s'en tient aux strictes

performances financières, s'il est vrai que Microsoft a continué à réaliser des chiffres d'affaires énormes et surtout croissants, assortis de bénéfices conséquents, la performance de l'action Microsoft n'est plus à la hauteur de ces résultats. Il faut bien admettre que la valeur boursière de Microsoft fait du sur-place, au point qu'elle n'a quasiment pas varié depuis l'année 2000. Il n'est pas inutile de rappeler ici qu'en 1999, après l'annonce de la décision de la justice américaine de démanteler Microsoft en deux entités, le cours de l'action avait chuté de 40% en une seule journée et que jamais, depuis, il n'a regagné ce qu'il avait perdu ce jour-là !

Coup dur pour les actionnaires, bien sûr mais aussi pour les salariés de l'entreprise, détenteurs de nombreuses stock-options et atteints qui plus est, à travers la compagnie, dans leur dignité. Le moral des troupes, si j'ose dire, étant au plus bas, il paraissait indispensable d'y remédier au plus vite. Je n'ai pourtant pas eu le sentiment d'avoir vu grand-chose qui aille en ce sens, aucun projet d'envergure qui soit de nature à remobiliser le personnel de cette magnifique compagnie. Au point que nombre d'employés, parmi les plus brillants, les plus talentueux, ont commencé à quitter l'entreprise, ce qui aurait été impensable auparavant.

Pourtant, dans les sphères dirigeantes, nul n'a alors semblé s'interroger sur les motifs de cet exode pourtant significatif. On s'est contenté de blâmer, dénigrer ou accuser la concurrence qui débauchait les meilleurs éléments. J'ai cité, dans un chapitre précédent, le cas emblématique de Kai-Fu Lee, responsable à un niveau très élevé chez Microsoft, spécialiste de la reconnaissance vocale et sur qui la firme comptait pour développer des innovations de premier plan, décisives pour l'avenir. Lee a été débauché par Google, s'attirant les foudres judiciaires de Microsoft... en pure perte, malgré les fanfaronnades de Steve Ballmer qui aurait déclaré « I'm gonna kill Google » (« je vais tuer Google ») ! Et l'antenne que Google, précisément, a implantée à Redmond pour débaucher ouvertement des salariés de Microsoft remporte d'importants succès et garnit tranquillement son tableau de chasse.

Ce qui ne laisse pas de poser un problème crucial, s'agissant d'une compagnie dont la richesse principale, qu'on le veuille ou non, est constituée par la valeur très exceptionnelle de ses salariés, au premier desquels ses ingénieurs ! Ce n'est que très tardivement que Microsoft se décide enfin à organiser des comités de discussion avec les salariés pour tenter de comprendre la nature du mal et essayer d'améliorer leur sort. C'est un peu tard à mon sens. Et à contretemps. En effet, pendant que la compagnie perdait des éléments de valeur tout en gagnant quand même beaucoup d'argent – mais que la valeur de l'action stagnait – Steve Ballmer s'est soudain mis en tête de lancer un plan d'économies internes visant à dégager des sommes importantes dont nul ne savait réellement ce qu'il comptait en faire. Par exemple, la couverture médicale du personnel a été réduite, ce qui, dans une période où le moral du personnel était déjà au plus bas, était du meilleur effet, comme on peut s'en douter !

Difficile d'adresser un signe plus négatif aux salariés. Une autre mesure d'économie, plus anecdotique celle-là, mais néanmoins très significative de l'ambiance qui s'installait alors dans la compagnie s'est matérialisée par ce que j'ai appelé « l'affaire des serviettes ». Jusqu'à présent, les employés de Microsoft qui faisaient leur jogging quotidien, disposaient, après leur douche, de serviettes mises à disposition par la compagnie. Mais ne voilà-t-il pas qu'un beau jour, Steve Ballmer a décidé de faire de la suppression de cet « avantage » un challenge personnel, allant même jusqu'à l'annoncer lors d'un meeting solennel !

J'avoue que, aussi futile que puisse apparaître un tel incident, il n'a pas été indifférent dans ma décision de quitter Microsoft dans la mesure où il reflétait tout à fait ce qui avait changé au sein de cette firme pourtant si chère à mon cœur. La culture d'entreprise que j'admirais tant, la vision à long terme, la passion de créer, je voyais tout cela s'effilocher sous mes yeux pour faire, insensiblement, de Microsoft une compagnie comme les autres, à la politique strictement gestionnaire, soucieuse des parts de marché et des bénéfices – ce qui est nécessaire, je ne le conteste pas – mais sans ambition, sans projet, sans vision et dans laquelle l'employé, l'Homme, n'est plus au centre, au cœur même du système.

Dès lors, il me devenait très difficile de continuer à assurer ma charge de manager dans un tel contexte, difficile de prendre des décisions qui aient un impact visible sur l'ensemble de la structure. On m'objectera qu'une telle évolution était inévitable eu égard à la croissance de Microsoft qui est aujourd'hui un poids lourd de l'économie. Pourtant, dans un passé relativement récent, et alors même qu'elle avait atteint une taille déjà plus que respectable, la compagnie avait encore cette capacité à se gérer comme une start-up, ou plutôt comme un groupe de start-up, avec un maximum de souplesse et de réactivité.

Mais, plus le temps passait, et plus je faisais l'amer constat que Microsoft et ses salariés allaient au combat en ordre dispersé et sans vraiment y croire. Et pourtant, les luttes qui se présentaient étaient âpres et les adversaires redoutables ! Mais un jour, c'était Google qu'il fallait affronter et qui prenait, jour après jour, une avance considérable, le lendemain c'était Yahoo, le jour suivant IBM (dans le domaine spécifique de la prestation de services informatiques aux entreprises), puis Linux, sans compter les start-up de toutes sortes qui se lançaient sans complexe à l'assaut du marché. J'avais le sentiment que la direction de Microsoft, dépassée par les évènements, tirait un peu au hasard dans toutes les directions sans réelle stratégie. Ou alors, celle-ci n'était en tout cas pas lisible pour les salariés ce qui n'avait rien de rassurant pour eux. D'où la fuite des meilleurs talents vers des cieux plus cléments, plus ambitieux, plus motivants. Bien sûr, ceux qui partent sont remplacés par des gens techniquement compétents, à la valeur indiscutable, il n'y a aucun doute là-dessus.

On est même allé jusqu'à débaucher de prétendues stars de l'industrie technologique (Kevin Turner de Wall Mart, Ray Ozzie d'IBM) pour compenser la fuite des talents. Mais, sans vouloir me complaire dans la nostalgie, je ne décèle pas chez les nouveaux arrivants la passion qui nous animait et nous portait à réaliser tous les jours l'impossible. J'ai parfois le sentiment que la plupart d'entre eux sont étrangers à la culture Microsoft et ne sont là que pour gagner leur vie, pas pour participer à une formidable aventure. Sartre disait : « On n'écrit pas pour gagner sa vie ». Et effectivement, à l'époque où j'ai rejoint Microsoft, on n'était pas chez Microsoft pour devenir millionnaire – même si cela pouvait arriver assez vite – mais par passion, par envie. C'est un peu l'inverse que j'observe aujourd'hui alors que, ironie de l'histoire, s'il était assez facile de faire fortune chez Microsoft à l'époque que j'évoque, cela semble hautement improbable aujourd'hui alors que l'action n'a quasiment pas pris un cent depuis cinq ans !

Devant la tournure quasi inexorable que prennent les évènements, ma décision de partir prend corps peu à peu. Et c'est donc le fameux épisode des serviettes qui constitue la goutte d'eau qui provoque le débordement du vase de mes interrogations, de mes doutes et de mes insatisfactions. Je commence à prendre en considération d'autres options. Google, par exemple, me soumet une offre tout à fait alléchante. Cependant, je ne me sens pas prêt à recommencer au sein d'une compagnie déjà si structurée qui s'éloigne peu à peu, ou ne va pas tarder à le faire, du modèle start-up que j'affectionne et dont j'ai besoin pour donner ma pleine mesure.

Pour très satisfaisante que soit l'offre de Google, je n'ai donc pas le sentiment que j'ai grand-chose à y gagner sur le plan de l'accomplissement personnel ni sur celui de l'épanouissement professionnel. En revanche, l'option Genesis, qui m'avait déjà été présentée, est susceptible de retenir mon attention. Mon voyage en Inde va donc me permettre d'explorer plus avant cette piste séduisante, Genesis étant à mes yeux une start-up tout à fait innovante dans laquelle il me paraît en cet instant relativement facile de projeter mon épanouissement. On connaît la suite...

Concernant maintenant ce que je considère, en toute humilité, être l'avenir de Microsoft, je rappellerai tout d'abord que, comme j'ai déjà eu l'occasion de le souligner, mon départ est intervenu deux semaines après l'annonce par Bill Gates de sa décision de se retirer de ses responsabilités opérationnelles à Microsoft. Il s'agit bien entendu d'une coïncidence, même si je n'ai pas été, loin de là, indifférent à cette annonce. Pour moi comme pour beaucoup de gens, et pas seulement au sein de la compagnie, Bill Gates a toujours personnifié Microsoft. À l'annonce de son retrait, j'ai ressenti la désagréable impression qu'il n'y croyait plus lui-même. Comme si, ayant mesuré l'énormité des challenges qui attendent aujourd'hui Microsoft, il voulait prendre du recul et ne rien avoir à faire avec un échec éventuel. Il ne s'agit bien entendu que d'une interprétation personnelle. Mais tout cela ne me disait rien qui vaille en tout cas, de la part d'un homme qui venait à peine de fêter ses cinquante ans, âge auquel nombre de managers commencent à peine leur carrière managériale. Alors, bien sûr, il y a cette volonté affichée de se consacrer désormais à ses œuvres caritatives, sa fondation, mais tout de même...

Une chose est sûre en tout cas, je ne vois pas Bill Gates se lancer dans une nouvelle aventure technologique. Parce que le contexte est aujourd'hui radicalement différent, la concurrence est toujours plus rude, n'importe quelle entreprise employant un personnel qualifié est en mesure de reproduire rapidement les innovations lancées par une autre compagnie – voyez Netscape et Internet Explorer – ce qui n'était évidemment pas le cas à l'époque où Bill Gates était un pionnier dans le domaine du système d'exploitation. Pour en revenir à l'avenir de Microsoft proprement dit, sans prétendre jouer les oracles mais en m'appuyant simplement sur mes observations et mon expérience, je dirais que je doute que Microsoft reste longtemps le leader du développement de logiciels. Je ne suis pas certain en effet que la compagnie ait les moyens de maintenir longtemps ce leadership. Pourquoi ?

Parce que la société a tellement grandi qu'elle est devenue une sorte de bureaucratie ordinaire sous l'impulsion de la direction générale. D'où ce que j'estime être son incapacité à relever les terribles défis qui se présentent d'ores et déjà à elle et pour lesquels elle a déjà laissé ses concurrents prendre plusieurs longueurs d'avance. Pour autant, il ne s'agit pas d'enterrer Microsoft. La compagnie a en effet les moyens de rester l'un des leaders sur son marché, en se partageant, plus ou moins équitablement, les parts de marché avec ses principales rivales.

Mais, même cette ambition plus modeste nécessiterait à mon sens un changement de direction en profondeur.

J'entends par là, non un appel à des hommes ou des femmes du sérail, de l'intérieur de la compagnie, mais plutôt à quelqu'un venu de l'extérieur qui apporterait à la fois du sang neuf et un regard frais sur l'avenir de Microsoft, et qui serait seul à même d'imposer à la compagnie le virage à 180°, la cure de rajeunissement dont elle a besoin pour participer à la compétition du 21e siècle. Un axe de cette « révolution » nécessaire pourrait consister à renoncer à être une entreprise généraliste qui se bat sur tous les fronts de la technologie informatique pour se redéployer en deux entités indépendantes – je n'emploierai pas le mot de démantèlement utilisé en son temps par le Juge fédéral Jackson qui présente l'allure d'une sanction alors que ce que je préconise serait le fruit d'une décision volontaire, réfléchie et assumée – l'une étant entièrement dévolue à Internet, l'autre se consacrant aux autres applications, celles que l'on désigne sous le vocable « legacy applications », chacune d'entre elles étant plus facile à gérer avec une certaine flexibilité. Cette voie de la survie de Microsoft, je ne pense pas que les dirigeants actuels soient disposés à la suivre. Leur attitude durant tout le procès anti-trust en témoigne. Et comme ils possèdent en outre d'importantes parts dans la compagnie, ce qui pourrait constituer un gage de stabilité risque d'entraîner l'immobilisme, l'impossibilité d'une remise en question et, à terme, la sclérose ou la paralysie.

En poussant plus loin le raisonnement, je serais tenté de dire que, le fait même que Bill Gates, après tout actionnaire majoritaire de Microsoft, ait cru bon de réitérer à plusieurs reprises sa confiance à Steve Ballmer dont le moins que l'on puisse dire est qu'il n'est pas l'homme du changement et de la créativité, peut être interprété comme un constat d'impuissance. Entre deux maux, il choisit probablement celui qui lui paraît le moindre (mais est-ce exact ?) dans la mesure où Steve Ballmer possède aujourd'hui un nombre considérable d'actions de la compagnie et où il est plus que délicat de l'écarter de la direction de Microsoft. Imaginons un instant que Steve décide de tout vendre, cela ne serait pas sans conséquence sur le cours de l'action, c'est indubitable. Mais ce faisant, on (Bill Gates) a accepté plus ou moins tacitement de passer d'un management visionnaire à un management gestionnaire.

Il n'est en effet un secret pour personne que Steve Ballmer n'a jamais été un homme de vision. C'est avant tout quelqu'un qui a toujours été très loyal envers Microsoft et Bill Gates. Et, comme le disent avec un certain cynisme certains de mes collègues chez Microsoft, la loyauté se paie. Pourtant, paradoxalement, Bill Gates avait toujours affirmé par le passé à qui voulait l'entendre qu'il n'était pas possible de diriger Microsoft sans posséder un background assez solide en technologie, ce qui n'est évidemment pas le cas de Steve Ballmer qui, s'il est un « homme du marketing », ne possède aucune des compétences technologiques qu'exige à mon sens la direction d'une compagnie comme Microsoft. Tant et si bien que, comme cela était prévisible, sous l'impulsion de Steve, l'entreprise s'est rapidement muée en une « marketing company » au sein de laquelle le poids des ingénieurs et des techniciens s'est fait de plus en plus léger, au profit de l'équipe marketing.

Les effets d'un tel changement d'orientation n'ont pas tardé à se faire sentir. En effet, lorsque les produits étaient conçus et développés par les ingénieurs sur la base d'une vision technologique à long terme, les réalisations étaient beaucoup plus concrètes et d'une qualité sensiblement supérieure à celle des produits mis actuellement sur le marché en fonction de ce que l'on suppose être dans l'air du temps et parfois dans la précipitation, pour réaliser un « coup » médiatique davantage que pour répondre aux besoins réels des utilisateurs. Ou au contraire, de nouveaux produits annoncés à grand renfort de publicité, comme le nouveau Windows Vista, tardent à être commercialisés. Il en va de la production comme de la gestion du personnel : l'Homme a cessé d'être au centre des préoccupations de l'équipe dirigeante. Il faut donc admettre que le choix par Bill Gates, pour lui succéder, de Steve Ballmer n'est pas anodin. Il traduit et entérine, valide d'une certaine façon le changement de philosophie, de culture de Microsoft.

Un événement, déjà mentionné dans ces pages, est à cet égard significatif. Un jour, je crois que c'était autour de 2003, Bill Gates et Steve Ballmer, ont fait l'un et l'autre une déclaration solennelle pour annoncer qu'ils n'accepteraient plus d'actions supplémentaires. Pourquoi, puisque dans le même temps, ils se félicitaient de la croissance de la compagnie et des bénéfices réalisés ? N'était-ce pas là une manière de reconnaître que l'action allait continuer à faire du sur-place ? En effet, l'attribution d'actions n'a de sens qu'à partir du moment où la valeur de celles-ci est supposée grimper.

N'était-ce pas là une manière d'anticiper ou d'admettre que la valeur de l'action n'allait pas connaître de réelle progression ? Cette analyse est d'ailleurs si pertinente que, quelques mois plus tard, comme on le sait, les fameuses stock-options étaient supprimées pour être remplacées par un mode de rémunération, d'intéressement des employés aux résultats beaucoup plus modeste à mon sens. En effet, la situation n'était guère tenable et la suppression des stocks options – détenues en grande quantité par le personnel mais qui ne valaient plus grand chose – s'avérait inévitable. Et l'opération s'est trouvée facilitée par le comportement « exemplaire » affiché quelques mois plus tôt par les deux principaux dirigeants. Si ce n'est que beaucoup auraient apprécié qu'un tel exemple fût montré beaucoup plus tôt!

***

Pour conclure ce chapitre sur une note positive, je voudrais tout de même insister sur le fait que je suis néanmoins très fier d'avoir travaillé pour Microsoft et que, sur un plan personnel, celui de mon accomplissement, de mes réalisations, j'estime qu'au moins 90% de mes objectifs ont été atteints ce qui, avouons-le, n'est pas si mal ! Pour détailler un peu ces fameux objectifs, je dirais qu'ils comportaient deux volets tout à fait distincts. La première de mes ambitions était de travailler aux côtés d'ingénieurs brillants et de créer des produits de qualité apportant aux utilisateurs une vraie valeur ajoutée. Contrat largement rempli.

D'une part, il est difficile d'imaginer une entreprise où

le niveau de compétence des ingénieurs soit aussi élevé – et la plupart des managers sont aussi des ingénieurs de talent qui, on l'a vu, n'hésitent jamais à mettre la main à la pâte – et où les techniciens, quel qu'ils soient, bénéficient d'un réel respect de la part des dirigeants – mais Bill Gates, comme Paul Allen, les deux co-fondateurs étaient aussi de brillants ingénieurs – d'autre part, des centaines de millions d'acheteurs, de par le monde, continuent de faire confiance aux produits Microsoft. J'en éprouve encore aujourd'hui une profonde satisfaction.

L'autre préoccupation qui m'animait consistait à faire profiter l'Afrique, d'une certaine manière, de ma position chez Microsoft. En terme d'appropriation des nouvelles technologies ou de formation, je parle ici de formation opérationnelle en adéquation avec les réalités du marché du travail. Sur ce point aussi, je pense sincèrement avoir réussi de belles choses, initié de belles avancées, même si tout n'a évidemment pas été parfait, que ce soit dans le cadre de l'Université Virtuelle Africaine ou celui, plus spécifique, du programme Microsoft de l'IT Academy que j'ai lancé sur le continent africain. Le point d'orgue de ces actions étant constitué, pour moi et de manière tout à fait symbolique, par la part que j'ai prise dans la préparation du voyage de Bill Gates en Afrique du Sud, en septembre 2003, événement à l'occasion duquel j'ai ôté un instant ma casquette Microsoft pour parler, avec beaucoup d'émotion mais aussi un profond sentiment de fierté, au nom de l'Université Virtuelle Africaine.

Cette visite restera à jamais gravée dans ma mémoire, comme le soutien que Bill Gates a apporté aux efforts que nous menions en faveur de l'Afrique et son engagement à collaborer avec nous en ce sens. A l'heure de quitter Microsoft, j'étais sincèrement conscient de tout ce que cette compagnie hors du commun m'avait apporté, de tout ce qu'elle m'avait appris. Je voulais devenir un véritable ingénieur qui crée des produits à la fois utiles et sophistiqués. Être un manager qui, à la tête d'une équipe, mène à bien des projets complexes. Tout cela, je l'ai réalisé chez Microsoft. J'y ai appris à animer une équipe afin de créer des produits de grande qualité, à savoir organiser mon travail et séparer ce qui peut mener aux grands principes de l'accessoire, gérer le stress et travailler pendant de très longues heures sans perdre contact avec la réalité, et tant d'autres choses encore comme l'humilité ou la capacité à savoir écouter de manière constructive.

Au point qu'aujourd'hui encore, je reste, à la fois intellectuellement mais aussi affectivement très attaché à la compagnie de Bill Gates. Quelqu'un a dit un jour qu'on ne quittait jamais définitivement Microsoft. Les exemples sont même assez nombreux de salariés qui, après être un jour partis tenter leur chance sous d'autres cieux finissent par revenir à Redmond ! Quant à moi, si j'ai pris la décision de mettre un terme à ma carrière chez Microsoft, j'en reste néanmoins un collaborateur occasionnel ou à temps partiel, comme on voudra, en qualité de consultant sur des projets touchant à la *Business Intelligence*. Et, comme on aura pu le noter à travers ces lignes, sans être soumis à un quelconque devoir de réserve. C'est aussi une caractéristique de l'esprit « Microsoft ».

Tout au long de ces presque dix années passées à

Redmond, je n'ai jamais vu ou entendu que quelqu'un se soit trouvé menacé dans son emploi ou son avancement pour s'être opposé, philosophiquement si j'ose dire, à la direction. Tout le monde a en mémoire l'exemple de Robert Scobble, connu pour être l'un des plus grands bloggeurs d'entreprise, qui n'a jamais ménagé ses critiques, certes constructives, contre son employeur. S'il a fini par quitter Redmond pour rejoindre une start-up de la Silicon Valley, c'est de son plein gré sans que jamais son avenir chez Microsoft ne soit compromis. Alors, même si ma carrière a pris récemment une autre orientation, ce sera toujours pour moi un vrai plaisir de collaborer avec des gens de très grand talent, et Microsoft en regorge, il n'y a aucun doute là-dessus.

Si c'était à refaire

À l'heure où, qu'on le veuille ou non, j'ai établi, les pages précédentes en attestent, un bilan de mes années Microsoft, j'ai envie de m'interroger, tout naturellement, ne serait-ce que pour remettre tout cela en perspective : « Et si c'était à refaire, sachant ce que je sais aujourd'hui, quelle voie choisirais-je ? »

Avant toute chose, j'affirmerai avec force que je suis réellement très heureux d'avoir fait la carrière qui a été la mienne. Il s'agit en effet d'un choix très délibéré, sans la moindre contrainte extérieure, ce qui n'est après tout pas si courant. J'ai véritablement choisi de devenir ingénieur parce que j'ai toujours éprouvé le besoin de construire des choses concrètes que l'on peut voir fonctionner. Et si j'aime aussi jouer avec les concepts, j'ai besoin de les mettre en pratique, pouvoir les utiliser pour en faire une construction concrète au bout du compte. Je peux donc dire que j'ai eu la chance de pouvoir faire ce qui me plaisait.

Bien sûr, à l'origine, je n'étais pas nécessairement préparé à devenir ingénieur informaticien parce que l'informatique, comme j'ai eu l'occasion de le mentionner, n'existait pas vraiment en tant que discipline autonome, au sens pédagogique ou académique du terme. Elle était plutôt considérée comme une discipline secondaire, accessoire par rapport aux sciences qui formaient la base de l'enseignement dispensé aux futurs ingénieurs. Pourtant et fort heureusement pour moi, mes lectures, les informations que je recueillais ici ou là, me laissaient entrevoir que l'informatique, quoiqu'encore balbutiante, allait connaître un développement rapide sinon foudroyant au point que l'on pouvait légitimement en attendre des merveilles dans les années futures. On peut donc dire que j'ai choisi cette spécialité en connaissance de cause.

Mais, en admettant que je n'ai pas choisi l'informatique ou, plus encore, que je n'ai pas décidé de devenir ingénieur, quelle autre carrière m'aurait tenté ? J'ai raconté précédemment que, lorsque j'étais en classe de troisième, j'éprouvais une admiration sans bornes pour Francis Kingué, musicien professionnel et par ailleurs professeur d'anglais. Je crois qu'à cette époque, l'adolescent que j'étais aurait pu aisément s'écrier « je serai Francis Kingué ou rien », tout comme Victor Hugo écrivait à quatorze ans dans son cahier d'écolier « je veux être Chateaubriand ou rien » ! Il y avait en effet quelque chose de tout à fait fascinant pour un jeune garçon comme moi dans la carrière de Francis Kingué. Il était d'abord musicien professionnel, connu et même reconnu au Cameroun et au-delà. Et pourtant, parallèlement à sa carrière artistique, il donnait des cours d'anglais dans mon collège !

La musique représentait alors quasiment toute ma vie, une passion vraiment dévorante. Mais j'étais aussi tout à fait conscient qu'il était extrêmement difficile de gagner sa vie en tant que musicien et sans doute plus difficile encore de changer le monde – ou à tout le moins d'avoir une influence concrète sur la vie des gens – avec la musique.

Dès lors, Francis Kingué paraissait à mes yeux avoir trouvé le compromis idéal.

En outre aujourd'hui, avec le recul, je crois que si ma vie avait été différente, j'aurais sincèrement aimé être professeur. Et plus spécifiquement au collège, de la sixième à la troisième. Pourquoi au collège plutôt qu'au lycée ou à l'université qui sont censés constituer des objectifs plus prestigieux ? Tout d'abord parce c'est au collège que, pour ce qui me concerne, j'ai vraiment commencé à aimer les études. C'est un moment privilégié de l'existence où les élèves n'ont pas encore eu le temps de décider ce qu'ils veulent faire de leur vie. En même temps, c'est un âge où l'on est encore très spontané, où l'on éprouve des passions très fortes. On est tiraillé de tous côtés entre des aspirations parfois contradictoires : les études, la musique, les filles, le sport pour certains etc... Bref, c'est un âge où l'on est en quête de repères et c'est à mon sens le moment idéal pour accompagner les élèves, les guider dans la vie et les aider à réaliser leurs rêves dans les meilleures conditions, jouer le rôle de catalyseur et de révélateur. D'autant plus que les jeunes sont aujourd'hui beaucoup plus libres que nous ne l'étions à leur âge, ce qui constitue un formidable atout si l'on sait canaliser cette liberté.

À l'inverse, je considère qu'un étudiant d'université sait déjà plus ou moins vers quoi il se destine et n'a pas besoin du même soutien, de la même aide. J'avoue qu'enseigner au collège me paraît autrement plus stimulant, plus excitant, plus difficile aussi. Et lourd de responsabilité car c'est un âge où l'on est facilement malléable, influençable.

Aider les élèves à se diriger, leur apprendre à réfléchir efficacement, leur donner les clés qui leur permettront de se réaliser au mieux sans pour autant leur dicter ce qu'ils doivent faire est une mission délicate mais passionnante.

Qui plus est, étant donné le rôle croissant de l'éducation, particulièrement en Afrique, et l'apport des nouvelles technologies – Internet notamment – dans la sphère éducative, il est plus que jamais déterminant que certaines notions commencent à prendre corps assez tôt dans l'esprit des jeunes, et cette période du collège me paraît particulièrement bien adaptée pour commencer à susciter à la fois prise de conscience et intérêt pour tout ce qui touche aux technologies de la communication, aux biotechnologies, au phénomène de la mondialisation et tant d'autres réalités encore. À tel point que je me suis souvent imaginé enseigner dans un collège. Peu importe la matière, d'ailleurs, serais-je tenté de dire, même si ma préférence irait naturellement vers ce que je pense connaître et maîtriser le mieux, c'est-à-dire tout ce qui a trait à la technologie. Un enseignement de base, bien sûr. L'important étant avant tout à mes yeux la possibilité de travailler avec les élèves sur des projets concrets, détecter ainsi les talents et les accompagner dans la réalisation de leur potentiel, leur permettre d'exprimer leur créativité avec l'espoir qu'eux aussi, un jour, susciteront d'autres vocations, découvriront et révéleront d'autres talents et ainsi de suite. C'est ma façon de concevoir l'enseignement, le fruit de mon expérience personnelle.

En effet, le système scolaire traditionnel, académique, tel qu'il fonctionne aujourd'hui sur des schémas relativement archaïques me paraît biaisé. Je m'explique. C'est un système dans lequel bon nombre d'élèves qui ont des méthodes d'apprentissage qui sortent du moule, qui n'obéissent pas aux règles établies depuis des siècles, peuvent aisément se perdre et gâcher leur potentiel. La faute à un système qui privilégie les notes, les examens qui sanctionnent une certaine manière d'apprendre. J'en parle en connaissance de cause. Lorsque je suis arrivé en classe de Première à la suite d'une année quasiment blanche en Seconde pour les raisons détaillées dans le premier chapitre de ce livre, j'ai éprouvé des difficultés à me mettre dans le rythme (le comble pour un musicien !), à rentrer à nouveau dans le moule académique, au point que j'ai été recalé à l'examen *Probatoire* sans lequel il n'était pas possible d'avancer.

Ma situation se serait dès lors avérée très délicate si je n'avais fait le choix, soutenu par mon père, de quitter le Cameroun pour étudier en France. Alors que si l'on m'avait confié des projets à réaliser, j'aurais pu démontrer mes capacités qui n'étaient pas reconnues et valorisées par le système d'enseignement traditionnel. Mais de cela, je n'avais pas conscience alors aussi distinctement. Ce n'est que bien plus tard, lorsque j'étudiais pour devenir ingénieur en informatique et qu'il m'a été donné de travailler sur des projets divers qui constituaient le cœur de l'enseignement que j'ai pu découvrir qu'il existait d'autres méthodes pédagogiques et qu'elles convenaient beaucoup mieux à mon pragmatisme et à l'esprit libre que j'étais et suis toujours, qui n'hésite jamais à remettre en cause un système pourtant tacitement accepté par le plus grand nombre – en adoptant parfois des positions peu orthodoxes, quitte à les payer au prix fort – ou à se remettre lui-même en question ! Aussi, aimerais-je dire aujourd'hui aux jeunes que le fait de ne pas obtenir de bonnes notes en classe même si, bien entendu, il est souhaitable de poursuivre cet objectif, ne signifie pas nécessairement que l'on est un incapable condamné à rater sa vie. La vie n'est pas jouée à dix-huit ans parce qu'on a raté un examen !

Il est en effet tout à fait possible de réussir autrement à condition de croire en ce que l'on fait et en ses capacités. De la même manière et réciproquement, j'aimerais m'adresser à ceux qui, fort heureusement, réussissent brillamment à l'école pour leur dire que cette réussite doit s'accompagner de réalisations concrètes. Trop de jeunes en effet, qui ont un parcours scolaire exemplaire et sont bardés de diplômes, éprouvent le plus grand mal à s'intégrer dans le monde du travail. Parce qu'il est nécessaire de les préparer à s'en sortir autrement qu'avec des connaissances théoriques, le monde du travail étant, il faut bien le reconnaître, fort différent du monde académique.

Pour toutes ces raisons, la fonction d'éducateur m'aurait vraiment tenté si je n'avais pas embrassé la carrière qui est la mienne, bien sûr. Mais n'être que professeur, si je puis dire, n'aurait pas de sens pour moi. En effet, comme Francis Kingué, je me consacrerais parallèlement à la musique dont la passion ne m'a jamais véritablement quitté. A tel point que, tout en menant ma carrière d'ingénieur en informatique, j'ai bien souvent déploré de ne pas avoir suffisamment de temps libre pour m'adonner sérieusement à la musique. Alors oui, je peux dire que, d'une certaine manière, j'aurais bien aimé être Francis Kingué !

En admettant maintenant que, tout ayant décidé d'être ingénieur, je n'ai pas suivi la voie de l'informatique, je répondrais, en forme de boutade mais avec une parfaite sincérité, que j'aurais pu devenir par exemple ingénieur des Ponts et Chaussées... à condition qu'il s'agisse bien de construire des ponts et des chaussées ! Toujours mon obsession de l'action, d'évoluer dans le concret. En réalité, j'aurais parfaitement pu être ingénieur dans n'importe quel domaine à partir du moment où être ingénieur signifie concevoir et construire quelque chose. Être dans l'action, résoudre des problèmes concrets en leur apportant des solutions tout aussi concrètes, loin des théories pures dont les conclusions, pour satisfaisantes qu'elles puissent être sur le plan intellectuel, sont souvent très éloignées de la réalité du terrain.

Maintenant, il se trouve simplement que j'ai eu cette chance que l'informatique ait commencé à faire parler d'elle au moment où il m'incombait de choisir ce que je voulais faire de ma vie. Disons que mon seul « talent » a été de pressentir qu'elle pouvait constituer un domaine d'activité à part entière, une véritable révolution dans la vie des gens et pas seulement un outil parmi tant d'autres au service des sciences de l'ingénieur. A travers mes lectures – je lisais à peu près tout ce qui me tombait sous la main –, j'ai découvert des personnages aussi fascinants que Steve Jobs ou Bill Gates et ce qu'ils faisaient à la

Silicon Valley.

J'avais conscience d'une activité en pleine ébullition. Il y avait chaque fois quelque chose de nouveau, d'encore plus extraordinaire, plus rapide, plus performant. Je me souviens de cette fameuse loi de Moore selon laquelle la puissance de l'ordinateur, entendez celle de la puce qui constitue le cœur du système, est multipliée par deux tous les dix-huit mois. Quand on pense qu'aujourd'hui encore elle est toujours d'actualité, c'est dire que nous sommes encore loin d'avoir exploré toutes les possibilités de l'ordinateur ! Quoiqu'il en soit, ce mouvement perpétuel me laissait supposer que le développement de l'informatique allait s'ancrer durablement dans le paysage technologique. En outre, j'étais et suis resté quelqu'un qui aime le changement, les évolutions (positives, bien sûr) et qui ne sent pas trop à son aise dans un système stable et prévisible dont on connaît à l'avance toutes les données, les paramètres. J'apprécie une certaine dose d'incertitude dans mon travail, mes projets, en découvrir les contours au fur et à mesure que j'avance.

C'est le plaisir de chercher, d'élucider pas à pas un mystère et d'en découvrir les clés. A l'époque, j'entrevoyais tout cela se dessiner avec les lancements successifs de l'Apple 1, de l'Apple 2 et l'IBM PC qui constituaient une vraie révolution si l'on imagine que ces petits ordinateurs de taille modeste accomplissaient des prodiges dont, quelques années à peine plus tôt, des machines énormes, de la taille d'une maison étaient incapables ! Et tout cela en l'espace d'une décennie à peine ! Fort de ces observations et de l'intuition qu'il y avait là un potentiel de développement quasi illimité, le choix s'imposait à moi, sans discussion même si le milieu dans lequel j'évoluais alors que j'entrevoyais ces perspectives ne disposait pas, loin s'en faut, de l'équipement nécessaire pour me permettre de tirer bénéfice de mes observations. Néanmoins je pourrais affirmer que, d'une certaine manière, j'ai eu la chance de naître au bon moment, lorsque tout ce processus se mettait en place.

Maintenant, je suis persuadé que les jeunes qui sont aujourd'hui à l'heure du choix qui engagera leur avenir ont devant eux des perspectives encore plus radieuses s'ils savent saisir les opportunités qui se présentent à eux dans la mesure où Internet – et je pense ici en particulier aux jeunes Africains par exemple – permet de niveler les niveaux de développement, offrant aux plus démunis quasiment les mêmes chances d'accéder à l'information qu'aux jeunes des pays développés. Ce ne fut pas toujours le cas, loin s'en faut.

Je me souviens de l'époque, pas si lointaine, où lorsque nous avions besoin d'un livre, il nous fallait nous rendre dans une bibliothèque – à supposer que l'on ait la chance d'étudier dans un pays qui possédait vraiment des livres dans ses bibliothèques – et prier pour que le ou les exemplaires du livre convoité n'aient pas déjà été empruntés sans quoi il était alors nécessaire de le réserver, attendre et revenir le chercher plus tard... pour constater parfois au bout du compte que l'ouvrage ne contenait pas les informations escomptées ! Avec Internet, on peut aujourd'hui accéder instantanément à l'information et celle-ci, dans la plupart des cas, est gratuite !

C'est d'ailleurs tout ce qui fait la valeur d'un projet comme celui de l'UVA qui permet de toucher un nombre important et croissant d'étudiants – ce que je j'ai appelé une masse critique – pour un coût relativement faible, constituant du même coup la seule alternative crédible et performante à une formation traditionnelle, classique, qui est encore très coûteuse. En ce sens aussi, les nouvelles technologies nées de l'informatique ont introduit une véritable révolution dans la société. A nous de nous en saisir et d'en exploiter toutes les potentialités. L'ordinateur s'est aujourd'hui banalisé.

Quand j'étudiais l'informatique, nous faisions la queue à l'école pour pouvoir accéder à un PC qui était quelque chose de très nouveau, presque rare. Nous disposions d'une dizaine de machines pour une soixantaine d'étudiants et nous étions déjà très satisfaits de notre sort et conscients d'être des privilégiés. La plupart des étudiants d'aujourd'hui ont leur propre ordinateur à la maison et bénéficient de la possibilité de l'utiliser sans compter leurs heures. Il s'agit là d'un avantage considérable dont on ne mesure pas assez les implications et qu'il faut exploiter à fond. Au-delà même de l'ordinateur personnel, de nouveaux médias offrent toute une palette de possibilités aux étudiants du 21e siècle et une souplesse incomparable dans le processus d'apprentissage. Ils ont la possibilité d'enregistrer les cours sur des appareils numériques qui restituent un son parfait, télécharger (sur leur iPod par exemple) quantité d'informations disponibles et utilisables à la demande, quand ils le souhaitent. C'est tout l'enseignement qui s'en trouve modifié et facilité.

Pour en revenir à ceux qui sont, en ce moment, à l'heure du choix, je crois sincèrement qu'un jeune, même marginal et peut-être d'ailleurs plus encore s'il est marginal, a la possibilité de créer quelque chose, d'innover et de mettre facilement son invention sur le marché grâce à Internet. On l'a vu et le voit encore avec l'explosion des start-up, ce qu'on a appelé « dot com », même si nombre d'entre elles n'ont pas survécu mais c'est la loi du genre. A l'époque où je rédigeais mon mémoire de fin d'études sur la carte à puce, la fameuse CP80 (carte à puce des années 80), son créateur, Roland Moreno, qui était d'ailleurs journaliste et donc quelque part un marginal par rapport au milieu de la technologie, n'avait pu obtenir en France le soutien nécessaire au développement de son projet, soutien qu'il avait dû aller chercher aux États-Unis avant de rentrer en France pour « réinventer » sa carte à puce en quelque sorte. Vingt-cinq ans plus tard, celui qui réalise une invention fiable et réellement innovante n'est plus confronté aux mêmes difficultés, il n'a même plus besoin de se déplacer physiquement pour obtenir l'appui nécessaire au développement de son idée. Les nouvelles technologies et Internet en particulier ont plus ou moins nivelé le terrain.

Décidément, je suis convaincu d'avoir fait le bon choix de carrière, au bon moment. Et, placé dans les mêmes conditions, je referais exactement la même chose. Bien entendu, j'essaierais d'améliorer certains détails, de corriger certaines erreurs car rien n'est jamais figé et l'homme est ainsi fait qu'il aspire sans cesse au meilleur mais, pour l'essentiel, mon parcours ne serait guère différent de ce qu'il a été. Et la musique dans tout ça ? Je possède toujours une guitare chez moi mais n'en joue pas très souvent, il faut bien l'avouer. En revanche, je pratique plus volontiers le piano, en amateur bien sûr. Et c'est bien souvent Chopin qui court sous mes doigts. Parce que la pratique musicale est nécessaire à mon équilibre, à mon harmonie personnelle.

Un Projet pour l'Afrique

Pour terminer cet ouvrage dans lequel, le lecteur l'aura noté, même dans les chapitres les plus imprégnés de la culture « Microsoft », l'Afrique n'est jamais très loin, toujours en filigrane, j'aimerais brosser les grandes lignes de ce que j'appellerais un projet pour l'Afrique. Je n'aurai pas la vanité d'écrire MON projet pour l'Afrique, ma démarche n'étant en rien politique et surtout fondée exclusivement sur des valeurs de partage des savoirs et des connaissances, de responsabilisation et d'humilité. Ce sera donc, tout simplement UN projet pour l'Afrique. Encore un, serait-on tenté de dire !

En effet, les projets destinés à l'Afrique et aux Africains se sont succédés à un rythme soutenu depuis des années, sur fond d'aide publique au développement, avec les piètres résultats que l'on connaît. Je crois pourtant, pour nuancer ce sombre constat, que certains de ces projets étaient bien conçus et ont commencé à produire des résultats, tandis que d'autres ne demandent qu'à être prolongés ou renforcés. Il ne s'agit donc pas forcément de faire table rase de ce qui existe déjà lorsque le processus enclenché est viable, c'est le cas par exemple de l'UVA. Mais simplement de renforcer le soutien institutionnel dont bénéficie une structure comme l'UVA pour lui permettre d'avancer sur la voie du développement par l'éducation. Ainsi que j'ai souvent eu l'occasion de le dire dans ces pages, l'éducation est le fer de lance de tout projet sérieux de développement durable. Et après avoir joué un rôle que j'espère important dans ce projet d'UVA, j'ai décidé, une fois que j'ai eu cédé les rênes à quelqu'un d'autre, de consacrer mes efforts à d'autres propositions qui constituent ce que j'appellerai donc « un projet pour l'Afrique ». Il ne s'agit évidemment pas de changer la situation en Afrique du jour au lendemain, je ne possède pas de baguette magique ! Mais de permettre à ce continent, à l'ensemble des pays africains d'agir ensemble et dans le même sens pour un développement durable.

***

Une première piste intéressante consisterait, selon moi, à mettre les nouvelles technologies de l'information et de la communication au service de l'agriculture. En effet, n'oublions pas que 70% de la population africaine vit de l'agriculture ou possède des revenus qui proviennent directement ou indirectement de l'agriculture. L'utilisation des technologies nouvelles dans des domaines tels que la météorologie – et plus précisément la pluviométrie – pourrait avoir un impact considérable à la fois sur la production agricole et sur l'élevage, c'est une évidence.

Ainsi, au moyen d'images satellitaires couvrant toute une région, il deviendrait possible de guider les éleveurs et les bergers vers des zones de pâturage ce qui, dans des régions comme le Sahel, permettrait certainement de sauver des milliers de têtes de bétail. De la même manière, trop d'agriculteurs s'en remettent aujourd'hui à la chance pour leurs récoltes alors que l'on dispose des moyens techniques pour anticiper et prévoir les précipitations ou certaines catastrophes naturelles et rationaliser ainsi la production. Il s'agit là d'exemples parmi tant d'autres mais qui ont le mérite de démontrer qu'avec un peu de moyens, judicieusement employés, et une réelle volonté politique, il serait tout à fait possible d'améliorer notablement le quotidien de 70% de la population africaine, ce qui n'est tout de même pas rien.

Une autre piste à explorer et dont, à mon avis, l'Afrique ne pourra pas faire durablement l'économie, est celle des biotechnologies dont une utilisation raisonnée et maîtrisée pourrait avoir un impact considérable sur la production (et la productivité) agricole, même s'il y a aujourd'hui débat sur tout ce qui tourne autour des OGM et d'une certaine productivité « artificielle », et que les scientifiques n'ont pas encore apporté toutes les réponses que l'on est en droit d'attendre d'eux. Néanmoins, un certain réalisme me paraît s'imposer. Des pays comme les États-Unis, la Chine ou le Brésil nourrissent aujourd'hui une partie de leur immense population grâce à des productions agricoles utilisant ces biotechnologies. Ce qui veut dire deux choses à mon avis.

D'une part que l'autosuffisance alimentaire de l'Afrique passe sans doute par les OGM, sans sacrifier pour autant la sécurité alimentaire, il n'est pas question de cela. Et d'autre part qu'à terme, l'agriculteur africain aura intérêt à considérer de très près ces questions s'il entend être compétitif sur le marché mondial. On ne peut pas éternellement s'en tenir à la politique de l'autruche et feindre d'ignorer quelque chose qui existe et qui, jusqu'à preuve du contraire, fonctionne plutôt bien dans un certain nombre de pays majeurs.

***

Des exemples concrets démontrent que, malgré leur coût apparent, les nouvelles technologies peuvent être adaptées au contexte africain. Lorsque j'ai écrit mon premier livre, « L'internet, une chance pour l'Afrique », je prédisais que le téléphone portable, bien que son coût non négligeable semblât le mettre hors de portée des plus démunis, connaîtrait une percée considérable sur le continent africain. Aujourd'hui, les résultats observés dépassent de loin mes prédictions, au point que dans certains pays tels que le Nigeria ou le Cameroun, le nombre des téléphones portables dépasse celui des téléphones fixes !

On peut dès lors parler de révolution. Il serait dommage de ne pas en tirer parti. Au cours de mes nombreux voyages à travers l'Afrique, j'ai en outre pu constater que tous ceux, de plus en plus nombreux par conséquent, qui possèdent un téléphone portable utilisaient facilement le sms comme mode de communication. D'où l'idée d'utiliser ce support pour de nombreuses applications qui nécessitent de toucher rapidement une population importante. Il n'est pas illusoire d'imaginer que des ingénieurs se penchent de manière sérieuse sur la question pour envisager toute une panoplie de « prestations de services » utilisant ce nouveau vecteur. Et à titre personnel, je suis tout à fait disposé à travailler dans cette direction avec Genesis. Quitte à pousser le raisonnement encore plus loin et, après avoir pris en compte le fait que la radio est le média de loin le plus écouté en Afrique, concevoir des téléphones « tout-en-un » intégrant un petit récepteur radio.

Par exemple, dans le domaine de la santé, de la prévention médicale, il serait tout à fait envisageable de se servir des sms pour prévenir de la survenance d'une épidémie dans une zone géographique déterminée et diffuser des informations sur la conduite à tenir et les précautions à adopter, l'information étant relayée par la radio pour couvrir l'essentiel de la population.

Dans un domaine tout à fait différent et qui a trait à la fois à l'agriculture et à l'économie, il n'est pas inutile de signaler que les paysans sénégalais peuvent aujourd'hui, à partir d'un simple *sms*, obtenir les cours du coton à Dakar, même s'ils vivent dans les zones les plus reculées du pays. C'est loin d'être anecdotique ou de relever du simple gadget. En effet, à partir du moment où ils disposent de l'information en temps réel, ils sont mieux armés pour négocier avec les intermédiaires et obtenir un meilleur prix, en tout cas un prix plus juste que par le passé lorsqu'ils ignoraient le cours du coton. Il ne s'agit bien sûr que d'un exemple et les applications du sms peuvent être multipliées à l'infini dans une multitude de secteurs d'activité.

Bien entendu, une telle démarche suppose une large collaboration entre opérateurs de téléphonie mobile, fabricants et organismes officiels. Pour m'en tenir aux premiers, j'espère sincèrement que NTN ou Orange par exemple, qui sont très implantés en Afrique, entendront cet appel et manifesteront leur intérêt pour un projet dont l'impact commercial n'est en outre pas négligeable : les acquéreurs potentiels seront d'autant plus disposés à s'équiper si leur téléphone mobile intègre des fonctions qui vont bien au-delà de la seule téléphonie. L'argument vaut aussi pour les fabricants, bien entendu. Pour mener à bien ces projets, il est essentiel de pouvoir compter, comme cela se pratique en Inde, sur les compétences locales pour la conception et la mise en œuvre de ce programme. Ce qui passe par un transfert de technologies entre l'Inde (Genesis par exemple dans le cas présent) et l'Afrique ainsi que par une formation des populations locales.

D'où une transition naturelle vers un autre volet de ce projet pour l'Afrique, celui de la formation, justement, qui doit faire partie du « package » de tout plan de développement sérieux. Bien sûr, l'UVA apporte déjà sa pierre à l'édifice. Mais au-delà, ce dont l'Afrique a besoin, c'est d'une formation de type technologique, industriel, afin que les personnes formées soient capables de mettre en œuvre des produits et des services sur le marché local. Je l'ai répété à plusieurs reprises dans cet ouvrage, je crois, plus que tout, au partage des savoirs. Il n'est donc pas illusoire mais au contraire tout à fait pertinent de mettre sur pied, au bénéfice des Africains qui auraient besoin d'une formation plus poussée, des séjours de formation en Inde afin de leur permettre de parfaire leurs connaissances et d'atteindre un niveau d'excellence technologique.

D'ailleurs, dans cet esprit, j'entends bien profiter de mon expérience indienne à la tête de Genesis pour créer des passerelles entre l'Inde et l'Afrique, fondées sur l'idée de synergie, de travail collaboratif. C'est valable dans l'industrie et la technologie comme dans l'agriculture, d'ailleurs. L'Inde est aujourd'hui en avance sur l'Afrique, dans le domaine des technologies en général, nous l'avons vu, mais aussi des biotechnologies, il n'y a pas de doute. Pour autant, même si, dans un premier temps, les passerelles fonctionneront surtout dans un sens, je suis convaincu qu'à terme les échanges pourraient s'avérer beaucoup plus équilibrés et fructueux pour les deux parties.

Contrairement aux pays occidentaux, l'Inde partage plus ou moins les mêmes problèmes que les pays africains. Malgré ses progrès récents et significatifs, l'Inde reste un pays pauvre, un pays en voie de développement, essentiellement rural. Il est donc très intéressant et riche d'enseignements d'observer le modèle indien pour comprendre comment les Indiens sont en train de sortir de la pauvreté, du marasme économique grâce, notamment, aux technologies, domaine dans lequel ils sont devenus véritablement experts. Cette piste me semble beaucoup plus prometteuse que celles mises en œuvre jusqu'à présent et qui faisaient appel aux pays occidentaux, au nom d'une coopération Nord-Sud qui n'a jamais vraiment porté ses fruits.

Cela fait cinquante ans que l'on nous rebat les oreilles avec l'aide publique au développement mais cela n'a jamais marché, soyons francs, même si personne ne semble vraiment s'émouvoir de cette inefficacité ni envisager d'alternative crédible. On se contente de continuer à appliquer les bonnes vieilles méthodes qui n'ont jamais rien donné de bon. C'est pourquoi il me paraît intéressant d'explorer d'autres voies et celle d'une coopération avec l'Inde me semble, à l'heure actuelle, la plus prometteuse. L'idée force du projet étant d'adapter aux spécificités africaines les solutions qui fonctionnent en Inde.

En effet, l'essentiel des problèmes de développement sont les mêmes en Inde et en Afrique. Au cœur du sous-développement, on retrouve toujours ce que j'appelle un manque d'autonomisation des populations. On ne pourra jamais développer un pays et à plus forte raison un continent en tentant d'imposer aux populations locales des méthodes toutes faites, des recettes qui ne prennent pas en compte la participation active et essentielle de ces populations. C'est peut-être généreux mais ça n'a jamais marché et ne marchera jamais. On ne peut pas forcer les gens à faire ce qu'ils n'ont pas envie de faire, il faut les motiver. La charité n'est pas et ne peut pas être une réponse pertinente, valable au problème du sous-développement. La pauvreté est multidimensionnelle, si je puis dire. L'individu en situation de pauvreté n'est pas constamment dans l'attente d'une aide financière.

Il voudrait aussi et surtout avoir la possibilité de travailler pour gagner dignement sa vie et être autonome. Tout programme d'aide au développement doit obligatoirement intégrer ces paramètres et s'appuyer sur la participation effective de celui qui reçoit l'aide afin de l'associer à la mise en œuvre du programme dont il bénéficie. D'où également l'importance du volet « éducation » de tout programme de développement durable. L'autonomisation passe par la formation, il n'y a pas à sortir de là ! C'est vrai en Afrique comme en Inde ou dans n'importe quelle région du monde confrontée aux mêmes difficultés, si ce n'est que l'Inde a déjà pris de l'avance sur ce point et nous propose un modèle viable et porteur de beaucoup d'espoirs.

Je voudrais dire aussi un mot des projets africains pour l'Afrique qui ne connaissent pas, il faut avoir l'honnêteté de le reconnaître, plus de succès que ceux mis en œuvre par les pays du Nord. La raison en est simple. Chaque leader africain, élu ou autoproclamé a plus ou moins son propre projet pour l'Afrique, le clame haut et fort un beau jour comme s'il venait d'être touché par la grâce, et entend bien y attacher son nom pour la postérité. Sans se préoccuper le moins du monde de savoir s'il existe déjà, dans un pays voisin, un projet similaire avec lequel il serait judicieux de dégager des synergies pour être efficace.

Non, l'important est de jeter tout ça sur le papier, de créer une structure dont on se bombarde Président et advienne que pourra... c'est-à-dire généralement rien du tout ! Je pense ici, plus particulièrement – mais les exemples, hélas, pullulent – au projet d'Institut Africain de Technologie (IAT), très ambitieux sur le papier, mais dont l'immense majorité des Africains n'a jamais entendu parler et pour cause, puisqu'il n'a jamais existé ailleurs que sur le papier !

On pourrait tout aussi bien mentionner le NEPAD (New Partnership for Africa's Development), lancé en l'an 2000 par quatre Chefs d'État africains et non des moindres, les Présidents Obasanjo du Nigeria, Wade du Sénégal, Mbeki d'Afrique du Sud et Moubarak d'Égypte. L'idée de base du projet était de dire que l'Afrique allait participer enfin à son propre développement sans attendre qu'on vienne lui dire ce qu'elle devait faire. Fort bien. L'innovation du projet était constituée par la volonté d'impliquer le secteur privé, les entreprises, dans la démarche, plutôt que de s'en remettre exclusivement aux gouvernements occidentaux pour fournir l'enveloppe. Tout cela allait donc plutôt dans le bon sens puisqu'il s'agissait de créer un cadre propice à l'investissement pour que des entreprises occidentales puissent avoir envie d'investir au Cameroun, au Sénégal ou dans n'importe quel pays d'Afrique sans se dire qu'elles risquaient de perdre leur argent ou d'être victimes de la corruption. Nous sommes aujourd'hui en 2007 et, force est de constater que le projet n'a pas décollé, quand bien même des investissements importants ont été réalisés qui ont été consommés par la bureaucratie et les frais divers (personnel pléthorique, voyages, manifestations etc..).

Même le Président Wade, pourtant à l'origine du projet, reconnaît que celui-ci fait du surplace. Il ne s'agit pas de critiquer pour critiquer mais de comprendre pourquoi tous ces projets, dont certains très ambitieux et au départ bien conçus n'ont pas fonctionné. Ne serait-ce que pour éviter de reproduire les mêmes erreurs et penser le développement autrement. C'est sur cette voie que j'entends m'engager avec Genesis. Le fait que l'essentiel des opérations de Genesis, compagnie indienne, se trouve en Inde me donne l'opportunité de passer du temps dans ce pays et d'appréhender sans cesse un peu mieux la problématique du développement pour la mettre en œuvre avec un maximum d'efficacité en Afrique. En ce sens, être à la tête d'une entreprise comme Genesis constitue un atout formidable.

Sur un plan concret, la mise en œuvre du projet exposé ci-dessus dans ses grandes lignes devrait connaître une phase pilote qui, selon toute vraisemblance, concernerait d'abord le Cameroun. Le choix du Cameroun, outre les liens affectifs que j'ai avec lui, se justifie par la relative stabilité politique dont il jouit et le poids économique important qui est le sien, au moins au sein de l'Afrique francophone. Si tout se passe comme prévu, cette phase pilote serait ensuite suivie d'une extension progressive, graduelle aux autres pays africains. Le projet est ambitieux, excitant, difficile bien sûr mais porteur d'espoir, j'en suis convaincu. Et ce n'est pas aujourd'hui, alors que j'ai plus que jamais l'opportunité et les moyens de le mettre en œuvre que je vais baisser les bras !

Épilogue

Au total, je dois dire que je dois un peu à la Providence les opportunités successives qui se sont présentées à moi de façon inattendue. Il est certain que le temps que j'ai passé à PricewaterhouseCoopers, mes prestations pour l'administration fédérale américaine, et pour finir ma longue carrière à Microsoft, la chance que j'ai eu de lancer et diriger le programme *Microsoft IT Academy* en Afrique, plus encore de participer au lancement et développement de l'Université virtuelle africaine, d'aider des dirigeants africains dans leurs projets de transformation digitale, tout cela m'a procuré d'énormes satisfactions.

Ce n'était pas facile, certes ! Rien ne se passe à coups de baguette magique. Et l'on doit se montrer à la hauteur des responsabilités qu'on assume. Cependant, j'ai trouvé cette intensité de vie très belle et cela a été pour moi une source de motivation intarissable. Mais toute cette trajectoire n'aurait pas été possible si je n'avais pas eu un père qui m'a marqué de bonne heure, un père qui a allumé en moi une flamme qui n'allait plus s'éteindre, avant de disparaître prématurément. Je ne serais rien sans lui.

Je sais gré à Microsoft d'avoir créé l'environnement qui m'a permis de m'épanouir intellectuellement et professionnellement. J'espère que cette entreprise décidément fascinante saura maintenir le nouveau cap. Dans mon livre, j'ai formulé des critiques constructives envers Microsoft, qui se sont avérées pertinentes tout au long du long règne de Steve Ballmer, qui a duré 14 ans. Je ne m'attendais pas à ce qu'il reste si longtemps, privant ainsi l'entreprise de nouvelles perspectives. Cependant, je reconnais volontiers que depuis l'arrivée de Satya Nadella à la tête de l'entreprise en 2014, Microsoft a connu d'importants changements positifs. Je partage pleinement la vision et la passion de Satya et j'ai hâte de voir ce que l'avenir réserve à cette entreprise exceptionnelle et quel impact elle continuera de créer dans le monde.

Au demeurant, je suis très reconnaissant aux Etats-Unis de m'avoir accueilli. J'y ai rencontré Jamie, ma femme. Nous avons eu deux merveilleux enfants, Rachelle et Joseph, dont nous sommes très fiers. Lors du dixième anniversaire de notre mariage en 2002, Microsoft nous a gracieusement offert son musée pour la cérémonie. Ce geste nous a touchés, ma femme et moi. À l'heure du débat global sur l'immigration, le modèle d'intégration américain, à mes yeux, devrait inspirer plusieurs pays, dont la France.

Je suis très reconnaissant envers des personnalités comme l'ex-président Laurent Gbagbo, l'ex-président James Wolfensohn, l'ex-président Abdoulaye Wade et feu président Benjamin Mkapa, ainsi que d'autres dirigeants, pour les précieuses opportunités qu'ils m'ont offertes de collaborer sur des projets de développement à l'aide des technologies. J'ai eu la chance de travailler avec des équipes talentueuses sur des projets telles que le Village des technologies et des biotechnologies (VITIB) en Côte d'Ivoire, le Fonds de Solidarité Numérique au Sénégal et l'AVU au Kenya et dans d'autres pays africains. Cela a été une grande source de satisfaction pour moi.

Cependant, je suis conscient des défis considérables auxquels tous les pays africains, y compris mon pays d'origine, le Cameroun, sont confrontés. Bien que des progrès aient été réalisés, il reste encore beaucoup à faire pour parvenir à un véritable développement. À mon avis, cela nécessite les efforts de tous, y compris une nouvelle génération de personnes qui sont nées bien après l'indépendance de la plupart des pays africains dans les années 1960. Je suis profondément préoccupé par ces questions et je suis pour ma part tout disposé à apporter ma pierre à l'édifice.

Avec Steve Wozniak, Co-Fondateur d'Apple

Avec l'Astronaute Buzz Aldrin, 2004.

Au Siège de Microsoft vers 2000

Près de deux Décennies après...

Table des Matières

Remerciements 1
Introduction 5
Mes Années d'Adolescence 11
PHILIPS 17
NALU 21
Coopers & Lybrand – PricewaterhouseCoopers 25
Ma journée type chez Microsoft 29
Bill Gates 39
La gestion des ressources humaines chez Microsoft 59
Le Recrutement chez Microsoft 59
L'Évaluation du personnel chez Microsoft 71
Microsoft et les Logiciels libres 89
Ce que j'ai appris chez Microsoft 107
L'Université Virtuelle Africaine 133
L'Information Technology Academy 149
Quelques rencontres marquantes durant ces années Microsoft 163
Quelques événements marquants 215
Mon voyage en Inde 223
L'Adieu à Microsoft 239
Si c'était à refaire 255
Un Projet pour l'Afrique 267
Épilogue 279

Made in the USA
Columbia, SC
26 January 2025